学习为民

李辉卫 著

人民出版社

策划编辑：刘智宏

责任编辑：刘智宏　赵　静　毕伶丽

图书在版编目（CIP）数据

学习为民 / 李辉卫著. —北京：人民出版社，2020.12

ISBN 978-7-01-022506-7

Ⅰ.①学…　Ⅱ.①李…　Ⅲ.①中国共产党—思想建设　Ⅳ.①D261

中国版本图书馆CIP数据核字（2020）第182024号

学习为民

XUEXI WEI MIN

李辉卫　著

人民出版社　出版发行

（100706　北京市东城区隆福寺街99号）

三河市龙大印装有限公司印刷　新华书店经销

2020年12月第1版　2020年12月北京第1次印刷

开本：710毫米×1000毫米1/16　印张：15.5

字数：200千字

ISBN 978-7-01-022506-7　定价：58.00元

邮购地址　100706　北京市东城区隆福寺街99号

人民东方图书销售中心　电话（010）65250042　65289539

目 录

第二章

健全为民制度

第三章

感悟为民金句

第四章

品思为民用典

序　言

全心全意为人民服务，是中国共产党的根本宗旨。

1944年9月8日，毛泽东同志在革命烈士张思德的追悼会上，深情发表了《为人民服务》的演讲。这篇文章在我们党的历史上第一次阐明了为人民服务的宗旨思想，通篇闪耀着马克思主义的真理光芒。党的七大把全心全意为人民服务上升到党的唯一宗旨的高度，并将其载入党章，延续至今。

2015年10月，在党的十八届五中全会上，习近平同志首次提出以人民为中心的发展思想。党的十九大报告将其确立为新时代坚持和发展中国特色社会主义的"十四个基本方略"之一。以人民为中心的发展思想的提出，是对党的根本宗旨的再强调、真坚持、新诠释。

坚持以人民为中心，体现了习近平新时代中国特色社会主义思想的根本立场。人民立场是马克思主义政党区别于其他政党的显著标志，永远不能变，变了就要变质、变色。习近平同志对此理解得最深，领悟得最透，践行得最彻底。他反复强调，"人民对美好生活的向往，就是我们的奋斗目标""坚持人民利益高于一切，是共产党人处理利益问题的根本原则""人民是我们党的工作的最高裁决者和最终评判者""让老百姓幸福就是党的事业",等等。这些重要论断,是习近平同志坚持以人民为中心执政理念的生动体现。

坚持以人民为中心,体现了习近平同志从政实践的一贯追求。习近平同志不管何时何地,不管在什么岗位,都始终践行党的宗旨,诚心诚意当好人民公仆。为民爱民、亲民重民、厚民靠民,是贯穿他从政实践的唯一主线。在河北正定工作时,他总是骑着自行车往乡下跑,同群众打成一片。在福建宁德,他推行信访接待下基层、现场办公下基层、调查研究下基层、宣传党的方针政策下基层的"四下基层"工作方法。在福建福州,他倡导开展进万家门、知万家情、解万家忧、办万家事的"四个万家"活动。这些早年的从政实践和亲民爱民情怀,日积月累锻造了习近平同志"服务人民""奉献人民""不负人民"的宝贵政治品格。因此,以人民为中心的发展思想的提出,决不是偶然的,而是必然的。

坚持以人民为中心,体现了习近平同志为民爱民亲民的真挚情怀。"人民"二字,在习近平同志心中重若千钧、重如泰山。他总是把自己看成普通劳动人民中的一员,对人民始终怀着真挚而深厚的情感。他曾说:"我的执政理念,概括起来就是:为人民服务,担当起该担当的责任。"在回答关于"当选中国国家主席的时候,是一种什么样的心情"的提问时,他说:"我将无我,不负人民。我愿意做到一个'无我'的状态,为中国的发展奉献自己。"这些质朴的话语,充分彰显了习近平同志始终与人民群众心心相印、同甘共苦、团结奋斗的为民情怀和博大胸襟。坚持以人民为中心,正是习近平同志公仆情、群众情、民生情的自然流露,也是其为民情怀在思想理论上的提炼和升华。

历史证明,没有一种初心,比为人民服务更崇高;没有一种使命,比为人民造福更伟大。当前,世界百年未有之大变局加速演进,实现中华民族伟大复兴的任务艰巨繁重。但无论局势如何变化，我们党的政治本色不能变、为人民服务的初心不能变、以人民为中心的发展思想不能变；无论任务多么繁重，我们共产党人的马克思主义理论武器不能丢、走中国特色社会主义道路的自信不能丢、实现人民对美好生活向往的目标不能丢。习近平同志多次指出，"为人民服务是共产党人的天职"。共产党人要履行好这一神圣天职，就应当把全心全意为人民服务、以人民为中心，体现到日常生活里，落实到本职工作中。

履行为人民服务的天职，必须学懂弄通马克思主义唯物史观的基本原理，牢记为民宗旨。历史活动是群众的活动。在人类历史上，马克思、恩格斯第一次彻底、全面地回答了谁是历史创造者的问题。《共产党宣言》深刻指出："过去的一切运动都是少数人的或者为少数人谋利益的运动。无产阶级的运动是绝大多数人的、为绝大多数人谋利益的独立的运动。"列宁明确提出："只有相信人民的人，只有投入生气勃勃的人民创造力泉源中的人，才能获得胜利并保持政权。"我们党的根基在人民、力量在人民、血脉在人民。没有人民的拥护和支持，党就不可能生存和发展，就会一事无成。我们党在领导革命、建设、改革过程中，相继提出并全面践行"全心全意为人民服务"的根本宗旨，"一切为了群众，一切依靠群众，从群众中来，到群众中去"的群众路线，"立党为公、执政为民"的执政理念，"以人民为中心"的发展思想，等等，丰富和发展了马克思主义唯物史观，充分激发了人民群众的实践伟力，获得了最广泛、最深厚、最可靠、最持久的力量源泉，创造了一个又一个的伟大胜利。我们党依靠根本宗旨，赢得了最广大人民的信任、拥护、支持和爱戴，并最终夺取了政权。同样，要保持和巩固党的长期执政地位，确保党的事业永远立于不败之地，就必须始终不忘初心、牢记使命，将为人民服务进行到底。

履行为人民服务的天职，必须坚定中国特色社会主义制度自信，健全为民制度。"经国序民，正其制度。"我们党自成立以来就致力于建立人民当家作主的新国家、新社会。新中国成立后，我们党领导人民逐步确立并巩固、健全中国特色社会主义制度，特别是坚持党的领导、人民当家作主、依法治国有机统一，坚持和完善人民民主专政制度、人民代表大会制度、基本经济制度、基层群众自治制度、民生保障制度等为民制度体系，有效体现人民意志、保障人民权益、激发人民斗志，厚植党执政的政治基础和群众基础，为我国创造世所罕见的经济快速发展奇迹和社会长期稳定奇迹提供了根本保障，也为人类制度文明史贡献了"中国智慧""中国方案"。制度稳则国家稳。中国特色社会主义制度是以马克思主义为指导、植根中国大地、深得人民拥护的制度，是党和人民长期奋斗、艰苦探索取得的伟大成就，只有倍加珍惜、毫不动摇地坚持、与时俱进地发展，才能从根本上坚持以人民为中心，才能为实现人民对美好生活的向往提供可靠的制度保障。

履行为人民服务的天职，必须深刻领会习近平新时代中国特色社会主义思想的意蕴。习近平同志在不同场合讲出许多蕴含真理力量、思想力量、智慧力量、人格力量的妙语金句，寥寥数语、拨云见日、直叩心扉，振聋发聩、回味悠长，是学深悟透习近平新时代中国特色社会主义思想的"金钥匙"。特别是在阐释人民力量、坚守为民宗旨、牢记为民初心等方面，从"人民对美好生活的向往，就是我们的奋斗目标"的铮铮誓言、"小康不小康，关键看老乡"的殷切嘱托，到"不得罪成百上千的腐败分子，就要得罪十三亿人民"的鲜明态度，再到"我将无我，不负人民"的人生境界，等等，这些从心底流淌出的金句，暖人心、动人情、鼓人志，充分彰显了人民领袖情系人民、深爱人民、扎根人民的不变初心，成为习近平新时代中国特色社会主义思想的独特标志。作为新时代的共产党人，我们应当从习近平同志的金句中感悟马克思主义的立场观点方法，时刻把人民群众摆在心中最高位置，想群众之所想、急群众之所急、忧群众之所忧，坚守我们党作为马克思主义政党最鲜明的政治底色。

履行为人民服务的天职，必须用心体会习近平同志重要讲话中的文化自信。习近平同志善于从中华优秀传统文化中借鉴吸收政治智慧，经常旁征博引、以典喻理，"以古人之规矩，开自己之生面"，实现了中华传统文化的创造性转化和升华，更为语言增添了无穷魅力。从"衙斋卧听萧萧竹，疑是民间疾苦声"，到"利民之事，丝发必兴；厉民之事，毫末必去"，再到"穿百姓之衣，吃百姓之饭，莫以百姓可欺，自己也是百姓"，等等，习近平同志古为今用、守正创新，以百姓之心为心，为人民代言、为人民立言，传承历史智慧、讲述中国故事、展示文化自信、传递"真理的味道"，饱含人民领袖至深至厚的为民情怀。作为新时代的共产党人，我们应当从习近平同志用典中品味以人民为中心的"根"和"魂"，汲取植根人民、服务人民、造福人民的前进力量，把为人民服务作为理想的起点、信念的支点，作为终身奋斗追求的价值目标，一以贯之、矢志不渝。

以上所述，是作者撰写本书的初心。

是为序。

第一章

牢记为民宗旨

　　为民，就是"一切为了人民""为了一切人民""为了人民的一切"，就是"为人民服务"。"天地之间民为贵。"中国共产党作为马克思主义政党，自成立之日起就把全心全意为人民服务作为自己的根本宗旨，就把为中国人民谋幸福、为中华民族谋复兴作为自己的初心和使命。为了这个初心和使命，中国共产党团结和带领全国各族人民，历经烽火连天的革命岁月、热火朝天的建设年代、波澜壮阔的改革时期，使中华民族迎来了从站起来、富起来到强起来的伟大飞跃。可以说，一部中国共产党史，就是一部我们党全心全意为人民服务的奋斗史。作为新时代的中国共产党人，要始终做到不忘初心、牢记使命，必须始终坚持马克思主义唯物史观，始终把人民对美好生活的向往作为奋斗目标，始终把人民群众放在心中最高位置，始终把为民造福、为民谋利作为最大政绩，始终弘扬党的优良传统和作风，始终牢记全心全意为人民服务的根本宗旨，真正做到心为民所想、情为民所系、权为民所用、利为民所谋。

1

为民是马克思主义唯物史观的
根本体现

　　相信谁、依靠谁、为了谁，是否始终站在最广大人民的立场上，是区分唯物史观和唯心史观的分水岭，也是判断马克思主义政党的试金石。为人民服务，为最大多数人谋利益、谋幸福，充分体现了马克思主义的唯物史观，体现了尊重社会发展规律与尊重人民历史主体地位的统一。

　　为民是唯物史观基本原理的内在要求。人民群众是历史的创造者，是真正的英雄。为什么这样说？主要是因为人民群众既是物质财富的创造者，也是社会精神财富的创造者，更是社会变革、社会进步的决定力量。鲁迅先生曾说过："田园诗人陶渊明如果没有劳动人民供他吃穿住用，那他就不但没有酒喝，而且没有饭吃，只能饿死在东篱旁边，哪里还能吟出什么'采菊东篱下，悠然见南山'的诗句呢？"可见人民群众在推动社会历史发展进程中的巨大作用。马克思、恩格斯指出："历史不过是追求着自己目的的人的活动而已。""我们自己创造着我们的历史，但是第一，我们是在十分确定的前提和条件下创造的。其中经济的前提和条件归根到底是决定性的。"人民创造历史的结果"可以看作一个作为整体的、不自觉地和不自主地起着作用的力量的产物"，所以"历史是由千百万人独立创造的"。1840

年鸦片战争后，中国逐步陷入半殖民地半封建社会的泥潭，一代代仁人志士为了民族解放和复兴竭尽全力，发起了洋务运动、戊戌变法、辛亥革命、新文化运动等，但都没能从根本上改变国家和民族的命运。只有把为人民服务作为根本宗旨的中国共产党诞生后，把民族解放和人民幸福作为一切工作和活动的出发点和归宿，充分发挥人民群众的主体作用，紧紧依靠人民群众的磅礴力量，团结和带领全国各族人民进行不屈不挠、英勇顽强的斗争，才推翻了压在中国人民头上的帝国主义、封建主义、官僚资本主义"三座大山"，取得了新民主主义革命、社会主义革命、社会主义建设以及改革开放的一个又一个胜利，创造了一个又一个人间奇迹。我们党近百年的辉煌历史，充分见证了一个真理："人民，只有人民，才是创造世界历史的动力。"

为民是马克思主义群众观的实质内容。早在 1842 年，马克思在《莱茵报》工作时就提出，报刊应该"生活在人民当中，它真诚地和人民共患难、同甘苦、齐爱憎"。在《共产党宣言》中，马克思、恩格斯指出："过去的一切运动都是少数人的或者为少数人谋利益的运动。无产阶级的运动是绝大多数人的、为绝大多数人谋利益的独立的运动"，在未来社会中"生产将以所有的人富裕为目的"，"所有人共同享受大家创造出来的福利"。可以说，马克思、恩格斯的全部学说始终没有偏离"为绝大多数人"这一价值旨向，马克思主义就是以人为出发点、以人为中心、以人为最高目的的科学理论。毛泽东同志继承了马克思主义群众观的精华，使用人民、人民大众的概念来表述党所依靠和服务的对象，把党的宗旨概括为"为人民服务"。他指出："我们一切工作干部，不论职位高低，都是人民的勤务员。""有无群众观点是我们同国民党的根本区别，群众观点是共产党员革命的出发点与归宿。"邓小平同志拓展了人民群众概念的内涵，将知识分子等其他劳动者都归入"人民群众"的范畴，极大激发了人民群众的积极性主动性创造性。江泽民同志提出"三个代表"重要思想，强调中国共产党要代表最广大人民的根本利益，全党要坚持立党为公、执政为民。胡锦涛同志提出了科学发展观，核心是以人为本，要求做到"发展为了人民、发展依靠人民、发展成果由人民共享"。习近平同志指出："坚持以人民为中心的发展思想。""中国共产党人的初心和使命，就是为中国人民谋幸福，为中华民族谋复兴。""让老百姓幸福就是党的事业。"等等。这些重要思想和论述，是我们党以高度的自觉能动性创造性发展唯物史观的理论成果，是对马克思主义群众观的继承、发展和升华。

为民是人民主体地位论的题中应有之义。马克思指出："人们追求物质利益的劳动过程，就是改造社会、书写历史、推动社会进步的过程。""人类社会的发展和进步是一个动态的变化过程，人民群众自发或者被动的劳动创造，是产生历史、改变当下、走向未来的动力基础。""在社会生产和劳动创造过程中，人民群众已不满足于机械式的重复劳动，开始运用智慧进行总结和反思，并在长期的实践活动中不断补充和完善，形成高级的知识体系和精神层次的劳动创造。在这个过程中，人民群众既是创造者，又是受益者，处于绝对的主体地位。"我们党自成立之初，就确立了"劳工神圣、劳工至上"的价值观，在长期的革命、建设和改革实践中，始终坚持尊重人民群众的主体地位、首创精神。尊重人民主体地位，要求代表人民群众根本利益的共产党，既尊重人民作为历史主体的各种愿望，又尊重人民当家作主的各种权益，实质上就是要做到"一切为了人民"。正因为如此，毛泽东、邓小平、江泽民、胡锦涛、习近平等党和国家领导人，一而再、再而三地强调，要坚持人民主体地位，坚持立党为公、执政为民；强调党的事业就是人民的事业，必须深深根植于人民中间；强调必须充分发挥人民群众的主人翁作用，最广泛地动员和组织人民依法管理国家和社会事务，管理经济和文化事业，积极投身社会主义现代化建设，从而更好地保障人民群众各方面权益，更好地保障人民当家作主。

2

为民立场是马克思主义政党的
根本政治立场

立场是认识和处理问题所处的地位和所抱的态度。立场问题是一个根本问题、原则问题。2016 年 7 月 1 日，习近平同志在庆祝中国共产党成立 95 周年大会上的讲话中指出：“人民立场是中国共产党的根本政治立场，是马克思主义政党区别于其他政党的显著标志。”这一重要论断，深刻揭示了中国共产党的鲜明本质特征，深刻阐释了党的精神追求和价值取向，深刻昭示了“为民”二字既是党的根本政治立场，也是党的力量之源和胜利之本。

为民立场反映了我们党的阶级属性。古今中外，为人民呼唤呐喊的组织和个人并不少见，但旗帜鲜明地将立场放在人民之中的却只有马克思主义政党；古往今来，中国为人民造福谋利的组织和个人并不少见，但持之以恒为人民谋利益、谋幸福的却只有中国共产党。170 多年前问世的《共产党宣言》标志着科学社会主义的创立，宣示着无产阶级及其政党的全部历史使命就是实现人类解放和人的自由全面发展。马克思、恩格斯将他们学说的科学性建基于人民性，将人民性明确为阶级性，使社会主义从空想变为科学；列宁领导的十月革命及苏维埃政权的建立使社会主义从理论变为现实。李大钊同志为之欢呼：“这回战胜的，不是联合国的武力，是世界人类的新精神。不是那一国的军阀或资本家的政府，是全世界的庶民。我们庆祝，不是为那一国或那一国的一部分人庆祝，是为全世界的庶民庆祝。"以马克思主义武装起来的中国共产党，从诞生之日起，其阶级性就决定了党的根本政治立场是人民立场。1946年3月，美国总统特使马歇尔访问延安，随行记者曾这样描述当时中国共产党的政治中枢："在延安听到最多的一个词，就是'人民'……中国人民如何，世界人民如何。"1947年秋天，毛泽东同志在转战陕北期间，应邀给陕西佳县县委题词"站在最大多数劳动人民的一面"，这是对党的立场最直接、最凝练的概括。

为民立场是我们党一以贯之坚持的根本立场。近百年来，我们党取得革命、建设、改革开放的巨大胜利，建立彪炳史册的历史功勋，根本原因就是始终坚持人民立场，得到了最广大人民群众的支持。刘少奇同志曾说过："我们党从最初起，就是为了服务于人民而建立的，我们一切党员的一切牺牲、努力和斗争，都是为了人民群众的福利和解放，而不是为了别的。这是我们共产党人最大的光荣和最值得骄傲的地方。"在延安时期，党公开表明："共产党是为民族、为人民谋利益的政党，它本身决无私利可图。它应该受人民的监督，而决不应该违背人民的意旨。它的党员应该站在民众之中，而决不应该站在民众之上。"新民主主义革命胜利后，为消灭剥削制度，让人民真正当家作主，共产党人以对人民负责的历史担当，在一个占世界人口四分之一的东方大国进行了社会主义改造，确立了社会主义基本制度，使人民真正成为国家的主人。改革开放以来，为了让人民过上好日子，共产党人以巨大的政治勇气、理论勇气和实践勇气拨乱反正，实现了全党工作重心从以阶级斗争为纲向以经济建设为中心的战略转移，开辟了中国特色社会主义道路，创造了世界发展史上的奇迹，使中国这个世界上最大的发展中国家在短短30多年时间里摆脱贫困并跃升为世界第二大经济体。党的十八大以来，以习近平同志为核心的党中央把人民立场提升到执政理念的高度，先后提出"四个全面"战略布局和统揽"四个伟大"的要求，确立新发展理念，描绘了构建人类命运共同体的美好愿景，这些思想都具有鲜明的人民立场的理论品格和本质特征。在庆祝中国共产党成立95周年大会上，习近平同志作了通篇贯穿"不忘初心、继续前进"主旨的重要讲话，总共11000多字，其中就有107处提到"人民"。党的十九大报告以"不忘初心、牢记使命"为主题，其中203处提到"人民"，43处讲到"群众"。这些都充分体现了我们党始终如一的为民立场、为民情怀和为民追求。

为民立场是我们党区别于其他政党的显著标志。为什么人、靠什么人的问题，是检验一个政党、一个政权性质的试金石。说到根子上，就是看这个政党、这个政权有没有从人民立场出发，是坚持绝大多数人的利益还是只追求极少数人的利益。资产阶级政党是由少数垄断资本家、上层人物组成的，为了在几年一次的大选中赢得选票，这些政党往往选前迎合选民、许诺选民，选后不行动不落实、开空头支票，搞"投机政治""金钱政治"，他们所站的立场只是少数阶层、少数人的立场，代表的只是少数阶层、少数人的利益，不可能满足最广大人民的利益。而以马克思主义为行动指南的中国共产党，"没有自身特殊的利益"，摆脱了以往诸多政治力量追求自身特殊利益的局限，代表着工人阶级和最广大人民的利益，因此完全能够站在最广大人民的立场上想问题、办事情，完全可以做到"一切为了人民，一切依靠人民，为了一切人民，为了人民的一切"。如果说党有自己的利益，那么这个利益也是和最广大人民的利益相一致、相统一的，就是为最广大人民谋幸福、谋利益。这就是党的基本立场，也是党的根本立场。历史和实践充分证明，只有作为无产阶级先进分子的联合体，中国共产党才能真正站在人民立场上想问题办事情，真正代表最广大人民的根本利益，真正把为人民谋幸福作为自己不变的初心和永恒的使命。

3

为民观点是马克思主义政党的
根本观点

为民观点也就是群众观点，是马克思主义政党对待群众的立场和态度。我们党创造性地把唯物史观关于人民群众是历史创造者的基本原理，运用于革命、建设和改革的实践中，形成了以"一切为了人民群众，一切依靠人民群众，一切向人民群众负责，向人民群众学习"为主要内容的党的群众观点。这是马克思主义中国化的重要成果，是对马克思主义唯物史观的重要贡献，是马克思主义政党的根本观点。

一切为了人民群众。这一观点提出的是党的价值目标问题，体现了我们党的性质和根本宗旨。我们党自成立之日起，就没有自身的特殊利益，就把一切为了人民作为自己的全部工作和任务。1944 年，毛泽东同志在《为人民服务》演讲中指出："我们这个队伍完全是为着解放人民的，是彻底地为人民的利益工作的。"邓小平同志认为："人民是一切的母亲。""党离不开人民。"习近平同志指出："中国共产党人的初心和使命，就是为中国人民谋幸福，为中华民族谋复兴。""必须把人民放在心中最高位置，坚持一切为了人民、一切依靠人民，为人民过上更加美好生活而矢志奋斗。"一切为了人民，是我们党长期赢得广大人民群众信任、支持和拥护的根本原因。

如果做不到一切为了人民，甚至与民争利、侵害群众利益，就必然损害党同人民的血肉联系，甚至影响党的生死存亡。苏联解体、苏共垮台就是前车之鉴。1991年，尽管苏联的综合国力有所削弱，但其军事力量仍可与美国相匹敌，经济实力也超过当时很多发达国家，然而，苏联这个超级大国还是一夜之间就轰然倒塌了，苏共还是垮台了，根本原因就是严重脱离人民群众，没有做到"一切为了人民"。苏共垮台前，《西伯利亚报》作过一次民意调查：认为苏共仍然能够代表工人的占4%，代表全体人民的占7%，代表全体党员的占11%，代表党的官僚、干部和机关工作人员的占85%。苏联解体、苏共垮台的惨痛教训告诫我们：始终坚持一切为了人民是何等重要！

　　一切依靠人民群众。一切社会过程的进行都有赖于人民群众的实践，一切社会变革最终都需要人民群众的实践来完成。这就决定了党的事业必须一切依靠人民群众。实际上，中国革命事业之所以能够胜利、经济建设和改革开放事业之所以能够成功，都是我们党紧紧依靠广大人民群众的力量和奋斗取得的。建设社会主义现代化强国，实现中华民族伟大复兴的中国梦，前进路上必然会遇到各种各样的困难和矛盾，必然要跨越各种各样的新的"娄山关""腊子口"。只有紧紧依靠人民群众，最大程度发挥人民群众的智慧和力量，才能走好新时代的长征路，实现我们党确定的宏伟目标。一切依靠人民群众，首先要相信群众自己能够解放自己。马克思认为："工人阶级的解放应该由工人阶级自己去争取。"《国际歌》中唱道："从来就没有什么救世主，也不靠神仙皇帝！要创造人类的幸福，全靠我们自己！"一切依靠人民群众，关键要依靠和尊重人民群众的高超智慧和首创精神。人民群众有无穷的智慧和力量，他们中间有成千上万的"诸葛亮"。我们想问题、办事情、定决策，要充分吸纳人民群众的创造和智慧，把问计民需作为前提，把集中民智作为关键，把汇聚民力作为保障。一切依靠人民群众，还要坚持发动群众、组织群众。早在 1938 年 5 月，毛泽东同志在《论持久战》一文中指出，把群众组织起来，就找到了赢得胜利的"伟力"。新的时代条件下，我们党依然要坚持这一条。开展一切工作和活动，必须把群众动员起来、组织起来，让群众参与、让群众监督、让群众评判，既反对命令主义，也反对尾巴主义，不断增强新形势下对人民群众的组织力。

一切向人民群众负责。一切向人民群众负责的观点，是充分体现共产党人政治立场和世界观、人生观、价值观的重要标志。毛泽东同志指出："我们的责任，是向人民负责。每句话，每个行动，每项政策，都要适合人民的利益，如果有了错误，定要改正，这就叫向人民负责。"邓小平同志指出："每一个党员必须养成为人民服务、向群众负责、遇事同群众商量和同群众共甘苦的工作作风。"习近平同志强调："任何人行使权力都必须为人民服务、对人民负责并自觉接受人民监督。"党的性质和宗旨，决定了党的事业和人民的事业、党性和人民性是完全一致的，对共产党人来说，对党负责就要对人民负责，对人民负责实质就是对党负责。坚持一切向人民群众负责，首先要牢记权为民所赋、当为民所用的权力观。古人云："当官不为民做主，不如回家卖红薯"，讲的就是这个道理。权力就是责任，责任重于泰山。职位越高，权力越大，责任就越重，当然就要为人民群众担责、负责、尽责，就要为人民群众多做事、做实事、做好事。坚持一切向人民群众负责，还要做到办任何事情、定任何决策，都要以人民满意不满意、高兴不高兴、答应不答应、赞成不赞成作为根本标准，人民不满意不高兴的事情就不要做，人民不答应不赞成的事情就马上改，以工作的实际成效，以不断提高人民群众的获得感、幸福感、安全感，来体现对人民群众的高度负责。

向人民群众学习。常言道："三人行，必有我师焉。""三个臭皮匠，赛过诸葛亮。"人民群众长期生活在基层，他们在实践中积累了大量的真知灼见，掌握着排解难题的方法和窍门，因此经验最丰富、创造力最伟大。毛泽东同志说过："只有代表群众才能教育群众，只有做群众的学生才能做群众的先生。"邓小平同志指出："只有首先善于做群众的学生的人，才有可能做群众的先生，并且只有继续做学生，才能继续做先生。"习近平同志指出："虚心向群众学习，诚心接受群众监督，始终植根人民、造福人民。""要拜人民为师，向人民学习，放下架子、扑下身子，接地气、通下情。"可以说，重不重视、善不善于向人民群众学习，是检验共产党人是否坚持党的群众路线的重要标志。"求木之长者，必固其根本；欲流之远者，必浚其泉源。"作为共产党人，一定要有虚怀若谷的态度，拿出"程门立雪"的精神，诚恳地拜人民群众为师，虚心向人民群众学习、请教，多与人民群众交流，不断从基层一线的生动创举中吸取经验，从人民群众的丰富创造中汲取营养，在人民群众的创造性实践中寻求智慧的不竭源泉。正如毛泽东同志指出的："没有满腔的热忱，没有眼睛向下的决心，没有求知的渴望，没有放下臭架子、甘当小学生的精神，是一定不能做，也一定做不好的。"因此，在工作中，我们一定要把人民群众当主人、当亲人、当老师，坚持问政于民、问计于民、问需于民，着力将群众积累的宝贵经验转化为解决实际问题的能力，进一步增强政治智慧和执政本领。

4

为民谋利是马克思主义政党与一切剥削阶级
政党的根本区别

党章明确规定："党除了工人阶级和最广大人民群众的利益，没有自己特殊的利益。"始终站在人民立场、坚持为民谋利是马克思主义政党的政治本色，是马克思主义政党保持先进性和纯洁性的内在要求，是马克思主义政党区别于其他政党的试金石和根本特征。

为民谋利是历史发展规律的客观要求。利益驱动是社会发展的重要源泉和动力，人类历史从某种意义上来说就是一部人们追求利益实现的历史。马克思认为："人们奋斗所争取的一切，都同他们的利益有关。"恩格斯认为："利益是思想的基础，利益决定思想。""思想一旦离开利益，就会使自己出丑。"这说明，追求利益是人们一切活动的最终目的，人类就是在追求利益实现的过程中创造历史、推动人类社会不断进步的。因此，一个政党要获得人民的支持和拥护，一个政权要得到巩固和发展，就必须站在人民立场，为广大人民群众谋利益，这是历史发展规律的必然要求。一旦违背了这一历史规律，就会被民众所抛弃。中国历史上，不少亡国之君的教训就在于得天下之后就骄横起来，穷奢极欲，不是为人民群众谋福利，而是千方百计欺压百姓、为自己或小集团谋私利，弄得民众怨声载道，最终失去了民心。历史证明：执政党只有代表最广大人民群众的根本利益，为民系情、为民谋利、为民用权，才能赢得民心、巩固政权。

为民谋利是马克思主义政党的本质要求。马克思、恩格斯指出："过去的一切运动都是少数人的或者为少数人谋利益的运动。无产阶级的运动是绝大多数人的，为绝大多数人谋利益的独立的运动。"共产党人"没有任何同整个无产阶级的利益不同的利益"。这些论述，高度概括了马克思主义为民谋利的人民利益观。正如刘少奇同志指出的："人民的利益，即是党的利益。除了人民的利益之外，党再无自己的特殊利益。"反观西方国家的一些资产阶级政党，他们是通过竞选来获取执政地位的，都有他们本阶级的特殊利益。如果他们在竞选时声称要"代表选民利益"，那也只是口头说说而已。一旦获得政权，其为本阶级谋私利的本质就会暴露无遗。他们在竞选时提出的那些口号和诺言能否兑现，是以不损害本阶级的利益为前提的。所以，无产阶级政党与剥削阶级政党的本质区别或者说分水岭就在于：前者没有自己的特殊利益，而后者恰恰相反。

为民谋利是中国共产党的一贯追求。中国共产党在领导人民进行革命、建设和改革的长期实践中，始终把人民群众对美好生活的向往作为自己的奋斗目标，把为民谋利、为民造福作为自己的永恒事业和根本职责。中共一大通过的决议宣告中国共产党"只维护无产阶级的利益"；中共二大提出"中国共产党是中国无产阶级政党"，并"为工人和贫农的目前利益计"；中共三大指出"拥护工人农民的自身利益，是我们不能一刻疏忽的"；中共七大将"全心全意为人民服务"作为党员应尽的义务写进党章。在新民主主义革命的探索中，我们党认为农民的根本问题就是土地问题，所以坚持领导人民打土豪、分田地。进入社会主义建设时期和改革开放后，我们党认为社会主要矛盾是人民日益增长的物质文化需要同落后的社会生产之间的矛盾，因而提出要集中精力发展社会生产力，让人民群众过上小康生活。

进入中国特色社会主义新时代，我们党认为社会主要矛盾已转化为人民日益增长的美好生活需要同不平衡不充分的发展之间的矛盾，因而提出要坚持以人民为中心，不断促进人的全面发展、全体人民共同富裕。中国共产党走过的近百年光辉历程充分证明，坚持为民谋利是党战胜一切艰难险阻、取得不断胜利的"奥妙"所在。正如习近平同志指出的："中国共产党之所以能够得到人民拥护，中国特色社会主义之所以能够得到人民支持，也正是因为造福了人民。"

5

为民服务是中国共产党的根本宗旨

　　根本宗旨是指贯穿于特定的组织整体以及组织发展全过程的最终目的或根本意图。党的根本宗旨是党的组织体系和全部工作的理论和现实来源，是党的理论根基和现实遵循，是广大党员必须践行的核心价值。中国共产党作为马克思主义政党，建党伊始就把全心全意为人民服务作为自己的根本宗旨。这是党发展壮大、不断前进的不竭动力，是党的立党之本、兴党之基、强党之魂。

　　这一宗旨是由我们党的性质决定的。党的性质是一个政党本身所固有的质的规定性，阶级属性是政党的本质属性。识别一个政党的性质，归根到底要看这个政党代表什么人、什么阶级的利益。党章明确指出："中国共产党是中国工人阶级的先锋队，同时是中国人民和中华民族的先锋队。"中国共产党的这一性质，决定了它不能是代表少数人或单纯为本阶级谋利益的狭隘的宗派集团，决定了它必须坚持立党为公、全心全意为人民服务。实际上，任何政党的产生、存在和发展，都有一定的阶级基础。先进的政党必须植根于最广大人民群众的沃土，才能不断得到发展和壮大；而最广大人民之所以需要先进政党，根本原因就是先进政党始终代表他们的根本利益，始终为他们服务。我们党就是以最广大人民群众为基础、具有最广泛代表性的先进政党。我们党要保持"两个先锋队"的性质，决不能只代表某个阶层或少数集团的利益，而应该成为最广大人民利益的代表，必须把维护好、实现好、发展好最广大人民群众的根本利益作为党的理论、路线、方针、政策以及一切工作的出发点和归宿，就必须充分发挥人民群众的积极性、主动性、创造性，在推进社会不断发展进步的同时，使人民群众不断获得切实的经济、政治、文化、社会和生态利益。只有这样，人民群众才会认识到党是真心为他们谋利、替他们着想、为他们造福的，才会坚定不移地跟党走、和党一起奋斗。

这一宗旨是共产党人必须坚守的精神家园。精神家园是一个人在文化认同基础上产生的精神寄托和心灵归宿。对政党来说，精神家园就是全体党员共有的思想观念、理想信念、目标追求的凝结。习近平同志指出："我们共产党人的最高利益和核心价值是全心全意为人民服务、诚心诚意为人民谋利益。作为党员和党的干部，都要经常思考和解决好入党为了什么、当干部干些什么、身后留下什么的问题，决不可为个人或少数人谋私利，而应该始终坚守共产党人全心全意为人民服务的精神家园。"为人民服务作为党的宗旨，不单纯是一个政治概念，同时也涵盖了共产党人的道德追求，体现了共产党人的价值观，规定了共产党人的基本立场和奋斗方向，是党加强自身建设的精神标尺。纵观党的历史，从艰苦卓绝的革命年代到筚路蓝缕的建设年代，再到风雷激荡的改革年代，党之所以能一路爬坡过坎、攻坚克难，靠的是始终坚守为人民服务的精神家园，靠的是人民群众对党的信任和拥护。在社会主义市场经济条件下，物质利益成为人们行动的强大动机。共产党人要坚守自己的精神家园，就必须树立正确的利益观，坚持把人民利益放在最高位置，坚持先公后私、先人后己，坚持吃苦在前、享乐在后，坚持予民以利而不是与民争利，以知足之心对待"利"，以实际行动践行党的根本宗旨。

　　这一宗旨是共产党人党性修养的核心内容。党性是一个政党固有的本性，是阶级性最高和最集中的表现。我们党是代表中国最广大人民根本利益、来自人民、为了人民、依靠人民的马克思主义政党。从本质上说，坚持党性就是坚持人民性。毛泽东同志指出："我们是站在无产阶级的和人民大众的立场。对于共产党员来说，也就是要站在党的立场，站在党性和党的政策的立场。"习近平同志指出："党性和人民性从来都是一致的、统一的。""坚持党性和人民性相统一，就是要坚持讲政治，把握正确导向，把体现党的主张和反映人民心声统一起来。"全心全意为人民服务是马克思主义世界观、人生观、价值观的集中体现，也是共产党人最高党性的集中体现。共产党人加强党性修养，最根本、最紧要的是要加强宗旨修养，坚持把为人民服务宗旨落实到服务群众的具体实践中，尤其要把本职岗位作为践行为民宗旨的主阵地，从本职工作做起，把本职工作做好，并持之以恒。要做到干一行、爱一行、精一行，对本职工作高度负责、精益求精。毛泽东同志在《纪念白求恩》一文中，高度赞扬了白求恩对医疗技术精益求精的态度和精神，原因就在于，为人民服务仅有良好的愿望是不行的，还必须把良好的愿望和过硬的本领结合起来。这就要求共产党人，一方面要切实增强为人民服务的宗旨意识，另一方面要不断提高为人民服务的实际本领。

6

为民造福是中国共产党人的初心

"初心"，意指做某件事情最初的初衷、最初的原因。共产党人的初心，就是参加组织时的最初动机、入党宣誓的庄严诺言。习近平同志指出："为人民谋幸福，是中国共产党人的初心。我们要时刻不忘这个初心，永远把人民对美好生活的向往作为奋斗目标。"

这个初心是中国共产党的力量之源。古人云："得道者多助，失道者寡助。""得众则得国，失众则失国。""水能载舟，亦能覆舟。""民为贵，社稷次之，君为轻。"古往今来，历史变迁，代表人民利益、造福于民是一个朝代兴盛的根本，是一个政党治国理政、长治久安的关键。中国共产党成立之初就提出"为穷人打天下"，建立无产阶级专政的国家政权。中共二大指出，共产党应当是无产阶级中最有革命精神的广大群众组织起来为无产阶级之利益而奋斗的政党。1925 年 12 月，毛泽东同志在《政治周报》发刊词中写道，共产党人革命就是"为了使中华民族得到解放，为了实现人民的统治，为了使人民得到经济的幸福"。邓小平同志把自己当作人民的儿子，强调"我们党是依靠劳动人民，替劳动人民谋幸福的"。习近平同志称自己是"人民的勤务员""黄土地的儿子"，强调"中南海要始终直通人民群众"，站在"我将无我，不负人民"的高度诠释了共产党人的初心。无数共产党人也以实际行动践行着这个初心。张富清同志 60 多年深藏功名，扎根偏远山区无私奉献，一辈子坚守初心、不改本色；朱再保同志在战场上荣获朝鲜解放勋章，在公益环保事业上默默奉献几十年，折射了一个老兵为民造福的初心……回顾党的发展历程，我们党之所以能一次次涉过险滩、走出绝境、穿越低谷，就是因为无数共产党人用鲜血和生命点燃了"初心"之火，就是因为共产党始终坚守为民谋福的初心。

这个初心是激励共产党人不断前进的根本动力。得民心者得天下，失民心者失天下。一个政党要赢得民心，关键是要为民谋福，努力让人民过上幸福美好的生活。我们党把实现共产主义作为最高理想和最终目标，把为人民谋幸福、为民族谋复兴作为自己的初心和使命。在党的历史上形成的一系列精神就是对这个初心的生动诠释。开天辟地、敢为人先的红船精神，艰苦奋斗、星火燎原的井冈山精神，艰苦卓绝、一往无前的长征精神，艰苦奋斗、理论联系实际的延安精神，谦虚谨慎、戒骄戒躁的西柏坡精神，艰苦创业、为国争光的大庆精神，团结协作、战天斗地的红旗渠精神，无私奉献、乐于助人的雷锋精神，刀刃向内、抓铁有痕的改革精神……这一系列精神，把为民谋福的初心融入共产党人的血脉，体现了共产党人不屈不挠的"精气神"，凝聚了中华民族伟大复兴的磅礴力量。可以说，党的历史是共产党人带着初心和使命谱写的。这个初心和使命一直激励着共产党人不断前进，一直推动着党的事业不断从胜利走向胜利。如果忘记了初心和使命，党就会改变性质、改变颜色，就会失去人民、失去未来。

这个初心是答好新时代考卷的必然要求。1949 年 3 月，中共中央离开西柏坡到北平去，毛泽东同志把进城执政当作"进京赶考"。2013 年 7 月，习近平同志在西柏坡参观时说："我们面临的挑战和问题依然严峻复杂，应该说，党面临的'赶考'远未结束。"不忘初心，方得始终。"赶考精神"实际上就是警醒全党同志要始终做清醒的"赶考"者，补足精神之"钙"、牢记为民之责，以坚定的理想信念坚守初心，以真挚的人民情怀滋养初心，以牢固的公仆意识践行初心，始终在信仰上、意志上、行动上答好新时代的"赶考"答卷。在信仰上，要坚持用马克思主义的立场、观点和方法看问题，以习近平新时代中国特色社会主义思想为指引，树牢"四个意识"、增强"四个自信"、做到"两个维护"，始终把人民利益放在至高无上的地位，始终同人民想在一起、干在一起，把信仰转化为工作、学习、生活中的责任担当。在意志上，要有"为有牺牲多壮志，敢教日月换新天"的激情、"红军不怕远征难，万水千山只等闲"的坚韧、"可上九天揽月，可下五洋捉鳖"的勇气以及"一万年太久，只争朝夕"的进取心和紧迫感，永远保持共产党人的奋斗精神，永远保持对人民的赤子之心，永远保持永不懈怠的精神状态，永远保持一往无前的奋斗姿态。在行动上，要发扬钉钉子精神，以对历史和人民高度负责的使命感，抓住人民群众最关心最直接最现实的利益问题，一件件梳理、一条条研究、一项项解决；坚持把造福人民作为最大政绩，把责任扛在肩上、把使命放在心上、把工作抓在手上，尽心尽责、尽力而为，全面提高工作本领和执政水平，切实答好新时代长征路的"赶考"问卷。

7

群众路线是党的生命线和
根本工作路线

　　在马克思主义中国化的进程中，我们党将历史唯物主义基本原理同中国革命和建设具体实际相结合，最终形成了以"一切为了群众，一切依靠群众，从群众中来，到群众中去"为基本内容的党的群众路线。"一切为了群众"是工作的出发点和落脚点，解决的是"为了谁"的问题；"一切依靠群众"是工作的根本动力和力量源泉，解决的是"依靠谁"的问题；"从群众中来、到群众中去"是实践论、认识论和工作方法，解决的是"桥和船"的问题。群众路线是我们党长期革命和建设经验的总结，是毛泽东思想活的灵魂之一，是党的生命线和根本工作路线。没有群众路线，政治路线、思想路线、组织路线就会失去根基。

　　这一路线是党发展壮大、克敌制胜的重要法宝。早在 1922 年 7 月，中共二大制定的《关于共产党的组织章程决议案》提出："我们既然是为无产群众奋斗的政党，我们便要'到群众中去'，要组成一个大的'群众党'。"1929 年 9 月，由陈毅同志起草、周恩来同志审定的《中共中央给红军第四军前委的指示信》，即著名的"九月来信"中，第一次提出"群众路线"的概念，指出："关于筹款工作亦要经过群众路线，不要由红军单独去干。"1943年6月，中共中央通过了毛泽东同志起草的《关于领导方法的决定》（1953年2月被收入《毛泽东选集》第三卷时，标题被修改为《关于领导方法的若干问题》），提出了马克思主义的科学领导方法，即"一般和个别相结合""领导和群众相结合"的方法，明确指出："在我党的一切实际工作中，凡属正确的领导，必须是从群众中来，到群众中去。"1956年，党的八大将群众路线写入党章，要求"必须不断地发扬党的工作中的群众路线的传统"。1981年，党的十一届六中全会对党的群众路线作了系统总结，明确提出了四句话的主要内容。十四大党章又加上一句话，即"把党的正确主张变为群众的自觉行动"，从而形成了关于群众路线的完整表述。正是依靠群众路线，正是依靠善于组织群众、宣传群众、发动群众、团结群众的政治优势，我们党才在井冈山站稳了脚跟，粉碎了国民党反动派的五次"围剿"，带领红军赢得了长征的胜利；才在十四年抗战中，建立抗日根据地，动员群众开展地道战、地雷战、麻雀战等，取得了抗日战争的伟大胜利；才在解放战争中打赢辽沈、淮海、平津三大战役，消灭了国民党军主力，推翻了蒋家王朝，成立了新中国；才在社会主义革命、建设和改革开放时期，带领全国人民取得抗美援朝、经济建设、改革开放等一个又一个伟大胜利。这一点，美国学者费正清早在1946年就有明确预言。他在评价白修德、贾安娜著作《中国的惊雷》时写道：中共的最终胜利其实并不难预测——因为"中国共产党人的一大法宝：群众路线"，它能够"让这个党深入乡村，发动群众。这是国民党和日军难以想象的"。

　　这一路线是我们党巩固阶级基础和执政地位的重要法宝。俗话说：打江山易，守江山难。夺取政权、取得执政地位需要群众路线，巩固政权、巩固执政地位同样需要群众路线。邓小平同志把群众路线同实事求是相提并论，认为这是我们党优良作风中"最根本的东西"，强调"群众路线和群众观点是我们的传家宝"。江泽民同志强调："我们党的最大政治优势是密切联系群众，党执政后的最大危险是脱离群众。"胡锦涛同志强调："我们党的执政能力和执政地位从根本上说都来自于人民。"习近平同志指出："保持党的先进性和纯洁性、巩固党的执政基础和执政地位靠什么？最重要的就是靠坚持党的群众路线、密切联系群众。"这些重要论述为巩固党的执政基础和执政地位指明了方向。新的历史条件下，我们党面临的执政考验、改革开放考验、市场经济考验、外部环境考验是长期的、复杂的、严峻的；精神懈怠的危险、能力不足的危险、脱离群众的危险、消极腐败的危险，更加尖锐地摆在全党面前。要应对和化解"四大考验"和"四种危险"，我们党必须拿起群众路线这个法宝，进一步增强居安思危的忧患意识，进一步密切党群干群关系，进一步增强自我净化、自我完善、自我革新、自我提高的能力，进一步提高党的建设科学化水平，始终为人民掌好权、用好权。只有这样，才能不断夯实党的阶级基础和群众根基。

这一路线是共产党人必须长期坚持的重要法宝。人心向背关系党的兴衰存亡。没有人民的支持，党将一事无成。群众路线这个我们党带领全国各族人民取得革命、建设和改革开放伟大胜利的利器，也是我们党带领全国各族人民克服前进道路上各种艰难险阻、夺取新时代中国特色社会主义新胜利的法宝，必须长期坚持并不断发扬光大。当前，党情、国情、世情发生了深刻变化，国内正处于社会转型期、矛盾多发期，世界正处于百年未有之大变局。我们党统筹协调各方面利益关切的难度在加大，统筹协调群众工作的难度在加大。面对严峻的形势、任务和挑战，只有继承弘扬党的优良传统和宝贵经验，牢固树立人民创造历史、人民是真正英雄的唯物史观，以人为本、人民至上的价值观，立党为公、执政为民的执政观，进一步强化群众立场、群众观点，进一步把握群众工作方法、健全群众工作制度，把群众路线体现和落实到党的一切工作和活动中，我们党才能不断获得最广泛、最深厚、最可靠、最牢固的群众基础和力量源泉。尤其要坚持求真务实这个群众路线的本质特征，始终坚持在思想上尊重群众，在感情上贴近群众，在行动上深入群众，在工作上依靠群众；始终坚持报实情、说实话、出实招、求实效，不搞拍脑袋决策，不提不切实际的口号，不摆没有真材实料的花架子，多办顺民意、惠民生的好事，多干打基础、利长远的实事，多出经得起历史、群众和实践检验的政绩，让人民群众看到实实在在的成效和变化。

8

群众工作方法是党的根本领导方法和
工作方法

群众工作方法是马克思主义认识论的具体表现。所谓群众工作，是指党为了完成自身的历史任务和现实发展的需要，在坚持群众主体地位的基础上，不断组织群众、宣传群众、教育群众、服务群众的各项工作的统称。做好群众工作，既是一项崇高的政治使命，又是一门复杂的艺术，需要切实解决好"桥"和"船"的问题，也就是方法和技巧问题。坚持和完善群众工作方法，对新形势下提高党的执政能力和执政水平，巩固党的阶级基础和群众基础，保障改革发展稳定大局，团结带领全国各族人民实现中国梦，具有十分重要的理论意义和实践意义。

坚持一般号召与个别指导相结合。任何事物都是个别与一般的统一。一般与个别相结合是马克思主义认识论的集中体现，是贯彻党的群众路线的重要要求，是党的群众工作的基本方法。坚持一般号召与个别指导相结合，是毛泽东同志一贯倡导的群众工作方法，也是实践证明行之有效可长期实行的重要方法。一般号召，是指通过各种形式和途径，作一般的普遍的号召，动员和教育广大群众行动起来，为实现工作目标和完成工作任务而努力奋斗。个别指导，是指领导干部直接深入基层组织和群众中，蹲点调查，取得经验，然后以点带面，推动面上的工作。把两者结合起来，一方面可以通过一般号召向群众宣传，使党的路线方针政策转化为群众的具体行动；另一方面可以使一般号召在群众的实践中得到检验、丰富和发展，并形成新的一般号召。"解剖麻雀""以点带面"，就是这样的好的工作方法。新的历史条件下，我们做好做实群众工作依然要坚持这一基本方法。一方面，要充分运用各种方式特别是群众喜闻乐见的形式宣传群众、发动群众，使党的路线方针政策家喻户晓，使上级重大决策部署深入人心，使具体落实办法措施群众心中有数；另一方面，要坚持求真务实作风，深入实际、深入基层、深入群众，做深入的调查研究，深切了解群众的需求和愿望，和群众打成一片，与群众干在一起，善于在实战中发现新问题，在实干中探索新办法，在实践中总结新经验，不断提高群众工作的质量和水平。

坚持领导干部与普通群众相结合。领导与群众相结合、充分发挥"两个积极性"，是党的基本领导方法，是对马克思主义唯物史观的创造性运用，也是贯彻党的群众路线的基本工作方法。领导干部来自群众，都是普通群众中的一员，在做群众工作时，虽然负有领导责任，但是在涉及群众切身利益时，必须广泛听取群众的意见，汲取群众的智慧，回应群众的关切。要相信绝大多数群众都是有理性、有觉悟的，只要做到真诚而有效的沟通，就能取得人民群众的理解、信任和支持。而要做到真诚、有效沟通，就要心系群众、深入群众，用群众语言与群众交流，与群众同坐一条板凳上，与群众"同吃同住同劳动"，想群众之所想，急群众之所急；就要正确处理多数群众利益与少数群众利益、群众短期利益与群众长期利益、局部群众利益与整体群众利益的矛盾，既坚持少数服从多数、短期服从长期、局部服从整体，也做好少数利益、短期利益、局部利益的补偿工作；就要变群众上访为领导下访，面对面做好群众思想工作，面对面解决信访及群众反映强烈的突出问题，把矛盾化解在基层、消灭在萌芽状态，努力从根本上解决普遍性的群众问题；就要像焦裕禄、孔繁森、牛玉儒、杨善洲、沈浩等同志一样，以实干的劲头、为民的真心和孺子牛的精神，发挥好带路人作用，任何时候都走在群众前面，变"指派命令"为"行为感召"，变"喊破嗓子"为"做出样子"，变"我来干"为"跟我干"，在各方面勇当先锋、做好表率，争当群众心中的一面旗帜。

坚持继承传统与创新探索相结合。在长期的革命、建设和改革实践中，我们党形成了一系列行之有效的群众工作方法，除了上面重点阐述的一般号召与个别指导相结合、领导干部与普通群众相结合，还有教育疏导法、典型示范法、为民谋利法、民主协商法、换位思考法、以情动人法、以理服人法、对症下药法、民情日记法、群众自治法、法律约束法以及物质激励与精神激励相结合法、"抓两头带中间"法、"两点论"与"重点论"相统一法等。这些好的办法无疑是我们在新时代需要继续坚持并发扬光大的。随着改革开放的不断深入，社会阶层逐渐丰富，群众的思想观念有了更多独立性、选择性、多变性和差异性，群众的利益诉求比以往任何时候都更为复杂、更为多样。群众的生活环境、群众的现实问题以及群众自身都发生了变化，联系群众、做群众工作的方法也需要不断改进与创新。尤其是随着科技网络的迅猛发展，迫切需要党员领导干部顺应时代发展潮流，坚持与时俱进，进一步创新网上群众工作方式方法。所谓"走群众路线"，就是奔着人去，群众在哪儿，群众工作就应该延伸到哪儿。在信息化网络化时代，互联网是人民群众生产生活的重要平台，在网上表达意见、反映诉求，已成为人民群众的日常习惯。因此，借助互联网倾听群众呼声、了解民情民意、开展群众工作应该成为领导干部的基本功。要坚持积极作为，把信息网络打造成党群、干群沟通的新空间；坚持勇于进取，把信息网络作为群众利益表达的新通道；坚持创新服务，运用网络和社区"两个阵地"

实现立体化服务新格局；坚持拓展工作，利用信息网络为群众工作提供新手段。总之，要采取综合手段，加强网络舆情舆论的正面引导，努力形成网上网下相结合的立体化群众工作新格局。

⑨

践行为民宗旨是共产党人的天职

　　古人认为：四时变化，万物生长，此乃天的职能，故有"天职"之说。"天职"一词引申开来，意指作为人应该恪尽的职责、应该承担的义务。习近平同志指出："为人民服务是共产党人的天职。"共产党人要履行好这一神圣天职，必须树立好世界观、人生观、价值观，力戒形式主义、官僚主义、享乐主义、奢靡之风，践行"严以修身、严以用权、严以律己，谋事要实、创业要实、做人要实"，永远不忘为民谋幸福的初心，把全心全意为人民服务、彻头彻尾为人民奉献体现到生活里、落实到本职工作中，尤其要正确处理以下四个方面的关系。

　　正确处理民与我的关系。如何清醒地认识自己，找准自身定位，摆正与人民群众的关系？这是把为人民服务作为天职的共产党人，必须回答好的首要问题。是把自己作为人民群众的普通一员还是把自己作为特殊成员，是把人民群众摆在至高无上位置还是把人民群众摆在心中一般位置甚至没有位置，不同的回答会体现出不同的人生观、价值观，会产生完全不同的结果。事实证明，只有我们把人民群众放在心上，人民群众才会把我们放在心上；只有我们把人民群众当亲人，人民群众才会把我们当亲人；只有我们把人民群众放在心中最高位置，人民群众才会把党放在心中最高位置。

事实也证明，只有把人民群众放在心中最高位置，我们才能想群众之所想、急群众之所急、忧群众之所忧、乐群众之所乐，才不会搞劳民伤财的"形象工程"和"政绩工程"，才不会在群众面前傲慢懒散、专横跋扈，才不会不顾群众疾苦而只贪图个人享乐。焦裕禄、谷文昌、孔繁森等共产党人的楷模，之所以深受人民群众爱戴，根本原因就是他们始终坚守"一个共产党员爱的最高境界就是爱人民"的人生境界，始终把人民群众当主人、当亲人，始终与老百姓心相连、情相依、同呼吸、共命运，始终将人民群众的切实利益高高举过头顶，把增进人民福祉、富裕一方百姓作为一切工作的出发点和落脚点。

正确处理上与下的关系。下级组织服从上级组织，是党的民主集中制的重要内容。对于每一名党员干部而言，处理好上与下的关系同样至关重要。早在 2006 年，时任浙江省委书记的习近平同志就指出："所谓对上负责，就是对上级领导机关负责；所谓对下负责，就是对人民群众负责。对各级领导干部来说，对上负责与对下负责从来都是统一的、不可分割的，对党负责，就是对人民负责；对人民负责，就是对党负责。两者统一于对党和人民事业的高度负责之中。"到中央工作后，在谈到党员干部的工作职责时，他多次强调："任何事情都要向上看看，向下看看。"这些重要论述，为我们处理好对上与对下关系提供了根本遵循。进入新时代，党员干部要做到对上负责，最根本的就是要树牢"四个意识"、增强"四个自信"、做到"两个维护"；要做到对下负责，最根本的就是要维护好、实现好、发展好人民群众的切身利益；要做到对上负责与对下负责的高度统一，最根本的是要持续改进作风，坚持公心对上、真心对下，坚持吃透上情、摸清下情。

正确处理知与行的关系。在中国古代哲学中，"行"表示人的活动的目的性，包括意义、目标、方向、任务、道路等；"知"则是对目的性的信念、思考、理解、认识、认同等，二者互相依存、不可分离。古人言："知是行之始，行是知之成。""行可以兼知，而知不可以兼行。""行可有知之效，知不得有行之效。"这些话道出了知与行之间的辩证关系。习近平同志明确指出："'知'是基础、是前提，'行'是重点、是关键。必须以'知'促'行'、以'行'促'知'，做到知行合一。"这为共产党人做到言行一致、践行为人民服务宗旨指明了方向。首先，要对党的宗旨既知其然又知其所以然，真正把宗旨意识内化于心、植根于头脑里。要深入学习习近平新时代中国特色社会主义思想特别是习近平同志深邃的为民思想、真挚的为民情怀，牢固树立立党为公、执政为民理念，不断提高为民服务的公仆意识。其次，要坚持学以致用，真正把为民宗旨外化于行、落实在实际行动中。从人民立场出发，坚持密切联系群众，倾听基层呼声，解决好人民群众最关心、最迫切需要解决的利益问题和实际困难。

正确处理始与终的关系。"不忘初心，方得始终。""靡不有初，鲜克有终。""有始有终，方为人道。"这些古人言，是共产党人有始有终、善始善终地坚持为人民服务应当牢记的格言。雷锋同志曾说："人的生命是有限的，可是，为人民服务是无限的，我要把有限的生命，投入到无限的为人民服务之中去。"毛泽东同志说过："一个人做点好事并不难，难的是一辈子做好事，不做坏事。"同样，作为共产党人，为人民服务一阵子并不难，难的是一辈子为人民服务。如何在不忘为民初心的同时保持为民服务的恒心，如何在保持为民干事冲天干劲的同时保持经久不衰的韧劲，是每个共产党人必须面对、必须用实际行动、用一生回答好的重大问题。作为共产党人，就要像雷锋、杨善洲、张富清一样，从身边点滴小事做起，一以贯之、久久为功，始终保持对党的忠诚之心，始终保持对人民的赤诚之心，始终保持对事业的奋斗之心，始终保持做人做事做官的本色和本分，把为人民服务作为理想的起点、信念的支点，持之以恒、锲而不舍、生命不息、奉献不止。

10

坚持为民宗旨是党领导革命、建设和改革取得成功的根本经验

1921 年 7 月，在浙江嘉兴南湖的游船上，伟大的中国共产党诞生了。近百年来，中国共产党由小变大、由弱变强，从成立之初只有 50 多名党员的小党，逐步发展成为在全国执政 70 多年、拥有超过 9100 万名党员的世界第一大党，团结带领全国各族人民取得了新民主主义革命和社会主义革命、建设、改革的伟大胜利。究其根本，就在于中国共产党始终坚持全心全意为人民服务的宗旨，始终与人民群众同呼吸、共命运、心连心。

坚持宗旨是中国革命取得伟大胜利的关键。我们党自成立之日起，就庄严宣告自己是站在无产阶级的立场上，为广大劳动阶级和劳苦大众谋利益的政党。土地革命时期，党领导和组织人民开展艰苦卓绝的武装斗争，提出"打土豪分田地""耕者有其田""打倒土豪和劣绅，工农当家作主人"等，红军所到之处，燃起了阶级斗争的熊熊烈火，到处呈现出一派"分田分地真忙"的革命景象，极大地解放了农村生产力，激发了贫苦群众革命和生产的积极性，有力地支援了红军和红色革命根据地的巩固。全民族抗日战争期间，我们党在陕甘宁边区和各抗日根据地实行减租减息的土地政策，开展大生产运动，同时实行"精兵简政"政策，减轻了根据地人民群

众的负担，改善了根据地人民群众的生活，巩固和扩大了抗日民族统一战线。解放战争时期，我们党进行彻底的土地改革，1947年9月通过《中国土地法大纲》，10月10日由中共中央正式公布施行，废除封建性及半封建性剥削的土地制度，实行耕者有其田的土地制度，获得了农民群众的广泛支持，激发了广大人民群众的革命热情。在党的领导下，经过辽沈、淮海、平津三大战役和1949年4月渡长江以后的作战，最终推翻了国民党政府的统治，成立了新中国。革命事业的成功经验有很多条，其中最重要的一条是我们党始终坚持为民宗旨，赢得了人民群众的支持和爱戴。

坚持宗旨是社会主义建设取得显著成就的关键。新中国成立初期，我们党带领人民抓紧恢复国民经济，把保障人民生活当作"头等大事"，开展了粮食、棉纱、银元"三大战役"，稳定了物价，实现了国民经济状况的恢复和发展。1954年9月，新中国第一部宪法规定："中华人民共和国的一切权力属于人民。"1956年9月，党的八大通过的党章规定："党的一切工作的根本目的，是最大限度地满足人民的物质生活和文化生活的需要。"1957年，毛泽东同志告诫全党："我们的人民政府是真正代表人民利益的政府，是为人民服务的政府。"他的《论十大关系》《关于正确处理人民内部矛盾的问题》《十年总结》等重要文章和论述，出发点和落脚点都是为人民谋利益、谋福祉。在社会主义改造和建设时期，我们党在政治建设上，确立了人民代表大会制度、中国共产党领导的多党合作和政治协商制度、民族区域自治制度等具有中国特色的政治制度，规定了公民的基本权利和义务，从制度上保证了人民当家作主；在经济建设上，坚持人民群众在社会主义建设事业中的主体地位，发挥人民群众的积极性、主动性、创造性，建立了独立的、比较完整的工业体系和国民经济体系，农田水利基本建设初见规模，科技水平显著提高；在民生建设上，实行"低水平、广覆盖"的分配政策和社会福利制度，解决了几亿人口吃饭穿衣的难题，古老的中国以崭新的姿态屹立于世界东方。

坚持宗旨是改革开放取得历史性成就的关键。1978 年实行改革开放政策以来，我们党坚持权为民所用、情为民所系、利为民所谋，激发了人民群众投身改革开放、创造美好生活的热情。从实行家庭联产承包责任制、国有企业改革、发展个体私营经济，到坚持和完善公有制为主体、多种所有制经济共同发展的基本经济制度；从设立经济特区，到形成全方位、多层次、宽领域对外开放格局，每一项重大改革开放政策的出台和实施，都是党坚持一切为了人民、一切依靠人民的生动写照，体现着人民群众的创新和创造，反映了人民群众的愿望和要求。从 1979 年确定"调整、改革、整顿、提高"八字方针，把改革开放放在重要位置，到 1984 年提出"社会主义经济是公有制基础上的有计划的商品经济"，到 1993 年十四届三中全会通过《中共中央关于建立社会主义市场经济体制若干问题的决定》，到 2003 年通过的《中共中央关于完善社会主义市场经济体制若干问题的决定》，到 2004 年党的十六届四中全会将"立党为公、执政为民"总结为我们党执政的主要经验，再到 2015 年党的十八届五中全会提出"坚持以人民为中心的发展思想"，我们党始终把人民群众的根本利益作为改革的出发点和落脚点，依靠人民群众创造了一个又一个的发展奇迹，中华民族迎来了从站起来、富起来到强起来的伟大飞跃。正如习近平同志指出的："改革开放在认识和实践上的每一次突破和发展，改革开放中每一个新生事物的产生和发展，改革开放每一个方面经验的创造和积累，无不来自亿万人民的实践和智慧。"

11

坚持立党为公、执政为民是党长期执政
必须坚守的根本原则

"大道之行也，天下为公。""道之在天下，至公而已矣。"千百年来，人们把"公"视为理想社会的最高境界。2001 年 7 月，江泽民同志在庆祝中国共产党成立 80 周年大会上指出："全心全意为人民服务，立党为公，执政为民，是我们党同一切剥削阶级政党的根本区别。"所谓立党为公，是指中国共产党除了最广大人民群众的根本利益外，没有任何的私利可言，其核心在于一个"公"字，"公"是国家和民族的公共利益，全体人民的共同理想，全社会的公共事务等实体性含义与公平、公正、公开等程序性要求的统一性。所谓执政为民，是指中国的政权是人民的政权，权力是人民赋予的，中国共产党会为人民掌好权、用好权，其核心在于一个"民"字，"民"是最广大人民群众，包括全体社会主义劳动者、社会主义事业的建设者、拥护社会主义的爱国者、拥护祖国统一和致力于中华民族伟大复兴的爱国者。立党为公和执政为民是相互联系、相互促进的统一整体：立党为公是执政为民的前提条件，执政为民是立党为公的本质要求。

坚持立党为公、执政为民是共产党执政规律的深刻反映。立党为公、执政为民是党最根本、最核心的执政理念。我们党带领人民成立新中国后，

无论是搞社会主义革命、社会主义建设还是搞改革开放，目的都是为人民谋利益、让人民过上好日子，这是立党为公、执政为民的生动体现。毛泽东同志说过："共产党是为民族、为人民谋利益的政党，它本身决无私利可图。"邓小平同志指出："我们过去几十年艰苦奋斗，就是靠用坚定的信念把人民团结起来，为人民自己的利益而奋斗。"江泽民同志指出："不断发展先进生产力和先进文化，归根到底都是为了满足人民群众日益增长的物质文化生活需要，不断实现最广大人民的根本利益。"胡锦涛同志强调："马克思主义政党的理论路线和方针政策以及全部工作，只有顺民意、谋民利、得民心，才能得到人民群众的支持和拥护，才能永远立于不败之地。"习近平同志指出："必须坚持以人民为中心，不断实现人民对美好生活的向往。"共产党越是长期执政，就越要坚持立党为公、执政为民，越要做到为人民执政、靠人民执政、按人民意愿执政。对共产党来说，绝对不存在比最广大人民利益更重要的利益，绝对不存在比执政为民理念更重要的理念。正如党的十六届四中全会《中共中央关于加强党的执政能力建设的决定》指出的："人民群众的拥护和支持是我们党的力量源泉和胜利之本。党只有一心为公，立党才能立得牢；只有一心为民，执政才能执得好。"

坚持立党为公、执政为民必须规范权力运行、确保权力姓公。"权力是一把双刃剑"，用得好则造福于民，用不好则害人害己、害国害党。我们党是执政党，尽管党的宗旨已经明确了党执政的价值选择问题，但在执政实践中，仍然有一些党员干部没有弄清楚"为了谁、依靠谁、我是谁"等价值源点问题，没有处理好"为民"与"为己"、"为公"与"为私"的关系问题。有的不能正确理解和贯彻"权为民所赋、权为民所用"的要求，错误地认为"权力是上级给的"，是个人努力、个人奋斗得来的；有的公仆意识淡化，背离群众路线，漠视群众疾苦，无视群众利益，甚至搞以权谋私、贪污腐败，严重损害了党的形象和公信力。"政在去私，私不去则公道亡。"

党员干部掌握着国家的公权，一定要处理好"公"与"私"的关系，谨防公权私用、公器私用。习近平同志指出："作为党的干部，就是要讲大公无私、公私分明、先公后私、公而忘私。"并一再强调："公款姓公，一分一厘都不能乱花；公权为民，一丝一毫都不能私用。"各级党员干部要切实贯彻这些指示要求，牢固树立正确的权力观、地位观、利益观，坚持为人民掌好权、为人民用好权，当好为民服务、为民奉献的勤务员，做好立党为公、执政为民的践行者，不断增强为公、为民的思想自觉和行动自觉。

12

坚持立党为公、执政为民是加强党的
政治建设的根本要求

"物有本末，事有始终，知所先后，则近道矣。"政治属性是政党的第一属性，旗帜鲜明讲政治是马克思主义政党的突出特色和优势。党的十九大明确提出党的政治建设这个重大命题，强调党的政治建设是党的根本性建设，要把党的政治建设摆在首位，以党的政治建设为统领。加强党的政治建设，根本要求就是要紧扣民心这个最大的政治，做到立党为公、执政为民，把赢得民心民意、汇聚民智民力作为重要着力点。

民心是最大的政治，是决定"谁主沉浮"的根本力量。所谓民心，是指人民的思想、感情、意愿等，是人民群众对政治认同的客观反映，即通常所说的"人心向背"问题。古人云："得民心国家必安，失民心国家必危。""政之所兴在顺民心，政之所废在逆民心。"纵观中国历史，无论是夏、商、周，还是唐、宋、元、明、清，这些王朝从建立到强盛再到衰败，都用铁一般的事实证明：政权的命运不是由统治者掌控的，而是由民心决定的。回顾我们党近百年的风雨历程，我们党之所以能够用"小米加步枪"从拥有"飞机加大炮"的国民党手中夺取政权，根本原因在于人民的力量，在于深得"人心"，是人民发自内心自愿托起共产党这艘"航船"，朝着社会主义的主航道前进。正如1946年毛泽东同志所预判的："蒋介石虽有美国援助，但是人心不顺，士气不高，经济困难。我们虽无外国援助，但是人心归向，士气高涨，经济亦有办法。因此，我们是能够战胜蒋介石的。"毛泽东同志预计用五年左右时间就能打败蒋介石。而实践证明，中国共产党仅用了三年多时间，就推翻了国民党蒋介石的统治，取得了执政地位。究其根源，是"民心向背"在起着决定性作用。实际上，从红船建党到中华民族伟大复兴中国梦的启航，从一穷二白搞建设到实行改革开放让中国人民富起来，我们党用为人民谋幸福的"初心"赢得了亿万人民衷心拥护的"民心"，因而也使我们党能够深深植根于人民群众的沃土之中，能够在风云变幻的国际国内形势面前始终做到"我自岿然不动"。

政治建设的根本任务就是凝聚民心。什么是政治？政治学有一种解释：政治是人民群众将自己的权力出让出来，委托给一个公共权力机构来执行。这个公共权力机构可以是执政党，也可以是政府。执政党或者政府的执政地位稳当不稳当、牢固不牢固，就要看他们把人民委托的权力用得好不好，是不是坚持了"为公""为民"，是不是做到了维护人民群众的实际利益。毛泽东同志曾经指出："所谓政治，就是把拥护我们的人搞得多多的，把反对我们的人搞得少少的。"习近平同志也指出："社情民意是观察政治问题的晴雨表。"这里的"多"和"少"以及"晴雨表"，实际上指的都是人心向背，也指明了党的政治建设的根本任务。"民之所盼，政之所向。"加强党的政治建设，必须坚持马克思主义的人民立场，坚持党性和人民性相统一，坚持以人民为中心，想问题、作决策、办事情都以顺民意、维民利、解民忧为出发点和落脚点，以保障和改善民生惠之于民，以反腐倡廉建设取信于民，以建设服务型政府亲之于民，加强人民当家作主的制度保障，激发人民群众的创造热情，始终做到与人民心心相印、同甘共苦、团结奋斗。

凝聚民心的根本手段是做到"为公""为民"。党的根基在人民，血脉在人民，力量在人民。老子曰："合抱之木，生于毫末；九层之台，起于累土；千里之行，始于足下。"只有根基牢靠，才能屹立不倒。要使党的执政根基更加稳固、更加牢靠，必须在"为公""为民"上下功夫，始终保持党同人民群众的血肉联系。这就要求广大党员干部，必须坚持"以百姓心为心"，坚持人民主体地位，尊重群众首创精神，摆正同人民的关系，始终同人民风雨同舟、血脉相通、生死与共，发自内心地为人民服务；必须牢记"一切为了群众，一切依靠群众，从群众中来，到群众中去"，经常深入基层和群众，了解群众所思所想所盼，帮助解决实际困难；必须持续深化改革，勇啃改革中的"硬骨头"，扫除前进道路上的"拦路虎"和"绊脚石"，让人民群众享有更多的获得感、幸福感、安全感；必须坚持公权为公、公权为民，事事出于公心，处处想着百姓，恪尽职守、夙夜在公，以为民、务实、清廉的良好形象赢得老百姓的口碑，凝聚实现"两个一百年"奋斗目标的磅礴力量。

（13）

坚持立党为公、执政为民是党的先进性建设和
党的长期执政能力建设的根本主题

作为一个长期执政的党，我们党深刻认识到，党的先进性和执政地位都不是一劳永逸、一成不变的，过去先进不等于现在先进，现在先进不等于永远先进；过去拥有不等于现在拥有，现在拥有不等于永远拥有。说到底，我们手中的权力是人民赋予的，保持和发展党的先进性、巩固党的长期执政地位，除了始终坚守为人民谋幸福的初心，始终坚持立党为公、执政为民以外，别无他法。

加强党的先进性建设要以"为公""为民"为永恒主题。党的先进性是马克思主义政党的立党之本、生命所系和力量所在，是建设一个什么样的党和怎样建设党的关键问题。它主要有两层含义：一是指一个政党在思想、理论、纲领等方面所具有的优于其他政党的特质；二是指一个政党在人类社会历史发展进步中所起的引领性作用。党的先进性是历史的、具体的，既一以贯之又与时俱进，同先进生产力、先进文化相联系，最终落实在它是否代表了最广大民众的根本利益，是否获得了人民的广泛支持。因此，加强党的先进性建设绝非一朝一夕之功，而是一项必须贯穿于党的生存和发展全过程的历史任务。革命战争年代，党的先进性表现在为革命的

胜利和人民的解放冲锋在前、英勇奋斗、为民夺权；社会主义建设时期，党的先进性表现在带领人民群众艰苦奋斗、建设家园、为民谋利；改革开放时期，党的先进性表现在带领人民群众开拓创新、与时俱进、执政为民。可以说，我们党正是靠着"为公""为民"，才始终保持了先进性、发展了先进性，才带领全国各族人民取得革命、建设和改革的伟大胜利。习近平同志指出："保持、发展先进性和纯洁性始终是马克思主义政党根本的思想政治任务，关系党的生死存亡和前途命运。""先进性和纯洁性是马克思主义政党的本质属性，我们加强党的建设，就是要同一切弱化先进性、损害纯洁性的问题作斗争，祛病疗伤，激浊扬清。"这就要求我们必须按照新时代党的建设总要求建设伟大工程，着力解决党内存在的思想不纯、组织不纯、作风不纯等突出问题，着力解决损害党同人民群众血肉联系的突出问题，使我们党始终成为走在时代前列、人民衷心拥护、勇于自我革命、经得起各种风浪考验、朝气蓬勃的马克思主义执政党。

加强党的长期执政能力建设要以"为公""为民"为核心内容。执政能力是指以执政党为主体、以国家权力系统为客体的执政党执掌国家政权的能力。党的执政能力主要包括：党在执政过程中驾驭社会主义市场经济的能力、发展社会主义民主政治的能力、建设社会主义先进文化的能力、构建社会主义和谐社会的能力、应对国际局势和处理国际事务的能力等。加强党的长期执政能力建设，归根到底是要提高党的执政水平、巩固党的执政地位，而这取决于能否取得人民群众的认可、支持和拥护。中国特色社会主义进入新时代，我们党面临着长期执政考验、改革开放考验、市场经济考验、外部环境考验，要想立于不败之地，必须始终坚持立党为公、执政为民，切实提高执政为民的能力。习近平同志指出："我们党要始终成为时代先锋、民族脊梁，始终成为马克思主义执政党，自身必须始终过硬。"其中最为重要的，就是做到坚持"为公""为民"的思想过硬、本领过硬、制度过硬。要始终坚持以人民为中心的执政理念，把维护群众利益作为第一职责，把群众呼声作为第一信号，把群众满意度作为第一标准，把群众路线贯穿于治国理政全部活动之中，把想人民之所想、忧群众之所忧、急百姓之所急，实现群众愿望、满足群众需要、维护群众权益，作为加强党的长期执政能力建设的出发点和归宿。要全面落实建设高素质专业化干部队伍的各项要求，加强教育培训，帮助党员干部弥补知识弱项、能力短板、经验盲区，丰富专业知识、提高专业能力、增强专业素养，同时强化实践锻炼，让他们在基层一线磨砺中增长才干，在完成急难险重任务中经受考验，切实增强适应新时代发展要求、践行为民宗旨的实际本领。要健全和完善人民当家作主的制度，以更大的力度、更实的举措发展社会主义民主，坚持党的领导、人民当家作主和依法治国有机统一，进一步拓宽党同人民群众联系的渠道，不断推进国家治理体系和治理能力现代化。

14

坚持为民宗旨、密切联系群众是党的
根本优势

毛泽东同志说过："我们共产党人好比种子，人民好比土地。我们到了一个地方，就要同那里的人民结合起来，在人民中间生根、开花。"我们党来自人民、根植人民、服务人民，只有密切联系群众，才有旺盛的生命力；一旦脱离群众，"就会像安泰（希腊神话中的巨人——编者注）一样被人扼死"。事实证明，密切联系群众是我们党的最大政治优势，脱离群众是我们党执政后的最大危险。经过近百年特别是全国执政 70 多年的发展实践，我们党对这一"最大优势"和"最大危险"的认识更加清醒而深刻。

密切联系群众是马克思主义政党的本质要求。在现代社会，任何政党的根基都需要完成对人民群众的动员、组织、代表和领导，否则政党就会成为无源之水、无本之木，这是人类政治文明的基本常识和经验总结。一方面，马克思主义政党因人民而生、因人民而兴、因人民而强，始终代表最广大人民的根本利益。正如马克思所说的："在无产阶级和资产阶级的斗争所经历的各个发展阶段上，共产党人始终代表整个运动的利益。""他们没有任何同整个无产阶级的利益不同的利益"，而是要"为绝大多数人谋利益"，共产党要"在全世界面前树立起可供人们用来衡量党的运动水平的里程碑"。另一方面，马克思主义政党是工人阶级的先锋队，只有这样的先锋队才能统一人民群众的意志和行动，实现好、维护好、发展好最广大人民群众的根本利益。正如列宁所说的："党是阶级的先进觉悟阶层，是阶级的先锋队。"必须把相信和依靠群众、密切联系群众作为"布尔什维克取得胜利的源泉"，必须扬弃一切剥削阶级的"为民做主""代民做主"思想，实现人类历史上从政道德的飞跃。这两个方面，决定了"党离不开人民，人民离不开党"，决定了马克思主义政党必须把密切联系群众、一刻也不脱离群众当作党的建设的头等大事。

密切联系群众是我们党的优良传统和宝贵经验。习近平同志指出："密切党群、干群关系，保持同人民群众的血肉联系，始终是我们党立于不败之地的根基。"回顾我们党的发展历程，始终根植人民、密切联系群众，一直贯穿于党由小变大、由弱变强、由革命党变为执政党的全过程。新民主主义革命时期，井冈山上的红米饭、南瓜汤，苏区群众满怀深情唱"十送红军"，延安人民用小米抚育了革命政权，几十万群众用小推车推出了淮海战役的胜利……社会主义建设时期，我们党紧紧依靠广大人民群众，甚至是依靠人民勒紧裤腰带的支持，在一穷二白的基础上，进行了抗美援朝战争，实现了中国历史上最深刻最伟大的社会变革，奠定了我国工业化的强大物质基础，实现了"两弹一星"的上天……进入改革开放新时期，我们党带领人民、依靠人民智慧和力量，实现了从高度集中的计划经济体制到充满活力的社会主义市场经济体制、从封闭半封闭到全方位对外开放的历史性转折，使我国经济总量由改革开放之初的世界第十位上升为世界第二大经济体。这一个又一个的伟大胜利和世界奇迹的取得，充分证明了一个道理：密切联系群众作为党的三大优良作风之一，是我们党取得一切胜利和成功的重要"秘诀"，是我们党须臾不可丢弃的传家宝。

新形势下，我们党必须阻止"最大优势"变为"最大危险"。纵观世界各国政党执政的经验，特别是一些社会主义国家执政党失败的教训，我们完全可以得出这样一个结论：从"密切联系群众"到"脱离群众"只有一念之差，从"最大优势"到"最大危险"只有一步之遥。我们党取得全国政权后，由于执政环境的不断改善，特别是新时期随着社会主义市场经济的不断发展，一些党员干部开始对密切联系群众的重要性、必要性、紧迫性失去切身体会，当官做老爷、衙门作风、贪图安逸、奢靡享乐、漠视民生疾苦现象逐渐出现，而且随着社会的发展愈发突出而严重。有的宗旨意识淡化，与群众关系渐行渐远，不知道"为了谁"；有的高高在上、独断专行，主观主义、形式主义、官僚主义盛行，不明白"依靠谁"；有的自以为是、骄傲自满，特权思想严重，不清楚"我是谁"；有的甚至以权谋私、贪图享乐、贪污堕落，变成人民痛恨的腐败分子。一些群众评价我们的某些党员干部是：交通工具发达了，与群众的距离却远了；通信工具先进了，与群众的沟通却难了；学历越来越高了，做群众工作的水平却越来越低了。长此以往，这会将我们党的生命线变成致残线，将我们党的"最大优势"变成"最大危险"，造成人民群众对我们党的严重隔膜甚至对立。对此，我们必须居安思危、居高思远，站在应对"四大考验"、避免"四种危险"的高度，把密切联系群众作为最宝贵的传家宝来弘扬，作为最管用的"土办法"来发扬，并落实到党的一切工作和活动中，体现到让人民群众长期得实惠上。只有这样，我们党才能长期保持"最大优势"、充分发挥"最大优势"，才能完成执政兴国、执政为民的历史使命。

15

为民是全面深化改革开放的根本目的

　　1978 年 12 月，我们党召开十一届三中全会，开启了改革开放和社会主义现代化的新征程。改革开放 40 多年来，从开启新时期到跨入新世纪，从站在新起点到进入新时代，我们党带领全国各族人民绘就了一幅波澜壮阔、气势恢宏的历史画卷，谱写了一曲感天动地、气壮山河的奋斗赞歌。40 多年的奋斗历程，极大改变了中国的面貌、中国人民的面貌和中华民族的面貌，中国人民迎来了从温饱不足到小康富裕的伟大飞跃，中华民族迎来了从站起来、富起来到强起来的伟大飞跃。改革开放之所以能够取得巨大成功，一条根本经验就是：我们党始终"坚持以人民为中心，把为人民谋幸福作为检验改革成效的标准，让改革开放成果更好惠及广大人民群众"。

　　实行改革开放的初衷是人民。回望波澜壮阔的改革开放实践，"人民"是始终贯穿的一条红线，实行改革开放的初衷就是为了提高人民群众的生活水平。截至 1978 年，全国干部职工的月平均工资只有四五十元，农村不少地区仍处于吃不饱、穿不暖的贫困状态。面对远落后于发达国家的严峻现实，邓小平同志尖锐指出："多少年来我们吃了一个大亏，社会主义改造基本完成了，还是'以阶级斗争为纲'，忽视发展生产力。""如果现在再不实行改革，我们的现代化事业和社会主义事业就会被葬送。"对此，我们党顺应人民的愿望，作出实行改革开放的历史性决策，从包产到户的探索创新到乡镇企业的异军突起，从取消农业税、牧业税和特产税到实施乡村振兴战略，从成功加入世界贸易组织到成长为世界制造大国，从"引进来"到"走出去"，从发展粗放型经济到推动经济高质量发展，我们国家在经济、政治、文化、社会、生态等各个方面都取得了历史性辉煌成就。正是因为我们党始终坚持以人民为中心，依靠人民推动改革，从 1978 年到 2018 年40 年间，中国的国内生产总值（GDP）从 3645 亿元增加到 90 万亿元，人均 GDP 从 381 元增加到 64644 元，经济总量占世界的份额从 1.8% 增加到15%；特别是中国老百姓的生活发生了翻天覆地的变化：老百姓的衣着从"黑灰"走向"个性"，饮食从"解决口腹之饱"走向"吃得好""吃出健康"，住房从"蜗居"、瓦片遮头走向"广厦"、住得安心，出入从"有辆自行车就是致富标志"到小汽车驶入寻常百姓家，生活用品从"三大件"到当今层出不穷的高科技产品无数件……40 多年的伟大实践充分证明，改革开放是决定当代中国命运的关键一招，是让广大人民过上更加幸福美好生活的关键一招。

推进改革开放的主体是人民。习近平同志指出："改革开放是亿万人民自己的事业。""改革开放是人民的要求和党的主张的统一，人民群众是历史的创造者和改革开放事业的实践主体。"从安徽省凤阳县小岗村 18 位村民探索"大包干"搞家庭联产承包责任制，让农民群众从大锅饭的社会模式中解脱出来，到深圳蛇口工业区创始人袁庚提出"时间就是金钱、效率就是生命"，生动诠释了社会主义市场经济的真谛，到海尔集团 CEO 张瑞敏在创业之初，砸掉了 76 台不合格冰箱，提出"要么不干，要干就要争第一"的海尔精神，到李书福立志"让中国的汽车走向世界，而不是让全世界的汽车跑遍全中国"，到李宁怀着"中国奥运冠军穿着自己国家制造的运动装备站在奥运会领奖台上"的梦想，开启了艰辛的创业历程，再到袁隆平数十年如一日地躬耕田野，将杂交水稻研究不断向前推进，解决了数亿中国人的吃饭问题，造福了全世界……改革开放取得的一切成就，无不归功于人民群众的艰苦奋斗和首创精神，充分证明了人民群众的主体地位和作用。正是相信人民、依靠人民，"摸着石头过河"，不断探索前进，改革开放才取得举世瞩目的成就，中国特色社会主义道路才越走越宽广。

全面深化改革开放的归宿是人民。"利民之事，丝发必兴。"为民是贯穿于改革开放伟大实践始终不变的价值指向。40多年来，我们党高举改革开放大旗，深深扎根于人民沃土，不断满足人民群众在学有所教、劳有所得、病有所医、老有所养、住有所居等各方面的需求，"使改革开放成为当代中国最显著的特征、最壮丽的气象"。"振叶以寻根，观澜而索源。"党的十八届三中全会通过的《中共中央关于全面深化改革若干重大问题的决定》指出，全面深化改革的总目标是完善和发展中国特色社会主义制度，推进国家治理体系和治理能力现代化，必须"以促进社会公平正义、增进人民福祉为出发点和落脚点"，必须"坚持以人为本，尊重人民主体地位，发挥群众首创精神，紧紧依靠人民推动改革，促进人的全面发展"。这为全面深化改革开放进一步指明了方向。进入新时代，我们要按照习近平同志"把改革方案的含金量充分展示出来，让人民群众有更多获得感"的要求，始终坚持以人民为中心，积极回应人民对深化改革、扩大开放的强烈呼声和殷切期待，切实解决人民群众所需所急所盼；始终把人民对美好生活的向往作为奋斗目标，不断激发人民群众参与改革开放的积极性、创造性；始终坚持攻坚克难，以逢山开路、逢水架桥的精神，敢于"劈荆棘""涉险滩""啃硬骨头"，勇于触及深层次利益关系和矛盾，集中力量精准施策、靶向治疗，剔除老百姓的痛点、难点、堵点问题，当好改革开放的推动者和实干家，使改革发展成果更多更公平地惠及全体人民。

16

严守党的纪律特别是党的群众纪律是
坚持为民宗旨的根本保证

党的纪律是党的各级组织和全体党员必须遵守的行为规则，主要包括政治纪律、组织纪律、廉洁纪律、群众纪律、工作纪律和生活纪律。党的群众纪律是党组织和党员在贯彻执行党的群众路线和处理党群关系过程中必须遵守的行为规范、不能践踏的行为底线。严守党的纪律特别是群众纪律，是无产阶级政党先进性和纯洁性的具体体现，是坚持为民宗旨、密切党同人民群众血肉联系的根本保证。

严守群众纪律是我们党的光荣传统。我们党自成立以来，就高度重视和严明群众纪律。新民主主义革命时期，党为军队制定的"三大纪律八项注意"，强调不拿群众一针一线、借东西要还、损坏东西要赔偿、不打人骂人、不损坏庄稼、不调戏妇女等群众纪律。社会主义建设时期，党把群众纪律作为"党政干部三大纪律八项注意"的一项重要内容，要求党政干部做到关心群众生活、参加集体劳动、以平等态度待人、工作要同群众商量、办事要公道、同群众打成一片等。毛泽东同志在回顾党经历的 28 年艰苦卓绝的革命斗争时指出，我们党有三件"战胜敌人的主要武器"，第一件就是"一个有纪律的，有马克思列宁主义的理论武装的，采取自我批评方法的，联系人民群众的党"。在这里，毛泽东同志将"有纪律"放在最前面，体现了他对革命战争年代党的建设经验和新民主主义革命胜利经验所作出的深刻总结。邓小平同志也指出，我们事业的成功，"一靠理想，二靠纪律"。江泽民同志也认为："具有严密的组织性和铁的纪律，就是我们党历来取得胜利的一个重要优势。"党的十八大以来，以习近平同志为核心的党中央特别重视群众纪律，制定了关于改进工作作风、密切联系群众的八项规定，开展了党的群众路线教育实践活动、"三严三实"专题教育、"两学一做"学习教育、"不忘初心、牢记使命"主题教育等，强调党员干部要遵守群众纪律、维护群众利益、密切同群众的联系。2015 年和 2018 年先后两次修订的《中国共产党纪律处分条例》，都对违反群众纪律行为的处分作出了明确规定。正是依靠对群众纪律的有效执行，依靠对违反群众纪律行为的严格约束和惩戒，我们党和人民群众才建立了鱼水之情、血肉关系，才拥有了牢不可破的执政基础和群众基础。

新形势下，要把严守群众纪律摆在更加重要的位置。1859 年 5 月，马克思在致恩格斯的信中指出："必须绝对保持党的纪律，否则将一事无成。"无数事实证明，一些党员干部之所以"破法"，无不始于"破纪"，特别是"破"了群众纪律。一段时间以来，一些党员干部忘记了党的宗旨，屡屡发生违反群众纪律的现象。有的淡薄群众感情，对群众的愿望不上心，对群众的生活不关心，对群众的疾苦不动心，对待群众态度恶劣、简单粗暴；有的漠视群众利益，对群众的合理诉求消极应付、推诿扯皮，超标准、超范围向群众筹资筹劳、摊派费用，克扣群众财物、拖欠群众工薪；有的甚至把党和人民赋予的权力当成捞取好处的资本，在行使职权过程中故意设置障碍，对群众"吃拿卡要"等。这些违反群众纪律的现象，违背了党的宗旨，影响了党的形象，败坏了党的名誉，必须下决心加以解决。解决上述问题，一要牢固树立马克思主义群众观点，打牢严守群众纪律的思想基础。教育党员干部牢记人民群众是历史的创造者的唯物史观，把群众纪律作为加强和规范党内政治生活的重要要求来遵守，做到知大知小、知进知退、知荣知耻、知是知非，使群众纪律成为浸在骨子里、融在血液里的自觉修养。二要保持敬畏之心，自觉执行群众纪律。把群众纪律作为悬在头顶的"三尺利剑"，凡是群众纪律要求做的，不折不扣地坚决执行；凡是群众纪律不允许做的，坚决不越雷池半步、不踏红线毫厘。三要加强对党员干部遵守群众纪律的监督，维护群众纪律的严肃性和刚性约束。对那些作风霸道、欺压群众、损害群众利益的行为，对那些热衷搞华而不实、劳民伤财"形象工程""政绩工程"的行为，尤其对群众十分反感、屡禁不止的形式主义、官僚主义、享乐主义和奢靡之风问题，要严肃问责追责，依法依纪及时处理。

17

始终坚持为民宗旨必须坚持加强和
改进党的作风建设这一根本手段

我们党作为马克思主义执政党，不仅要有强大的真理力量，而且要有强大的人格力量。真理力量集中体现为党的科学理论，人格力量则集中体现为党的优良作风。党的作风是党的性质、宗旨、世界观和政治理想在党的活动中的具体表现，是人民群众决定是否拥护和支持党的重要依据。党的作风主要包括思想作风、学风、工作作风、领导作风和干部生活作风等。世界政党的发展历史证明，作风问题关系党的形象，关系人心向背，关系党的生死存亡。

我们党历来高度重视和加强作风建设。在不同历史时期根据形势发展变化，我们党对抓好作风建设提出了不同要求，为党和人民事业的顺利发展赢得了民心、凝聚了力量。著名的延安整风运动和党的七大上毛泽东同志提出的"三大优良作风"，为夺取抗日战争、解放战争的全面胜利提供了重要作风保证；在党的七届二中全会上，毛泽东同志提出"两个务必"，即"务必使同志们继续地保持谦虚、谨慎、不骄、不躁的作风，务必使同志们继续地保持艰苦奋斗的作风"，为我们胜利夺取全国政权、迅速荡涤旧社会的污泥浊水、经受住执掌新中国政权的初步考验发挥了重要作用；党的十一届三中全会重新确立解放思想、实事求是的思想路线，恢复和发扬党的优良传统和作风，保证了党的正确政治路线的贯彻执行，开创了改革开放和社会主义现代化建设的新时期。党的十八大之后，以习近平同志为核心的党中央，从关系党和国家生死存亡的高度，胸怀强烈的历史责任感、深沉的使命忧患感，以大力加强作风建设开局起步，制定并严格落实八项规定，开展党的群众路线教育实践活动等，解决了新形势下作风建设抓什么、怎么抓的重大问题。中央政治局模范带头、以上率下，推动党风政风为之一新，党心民心空前凝聚，促进了全面从严治党向纵深延伸，推进了中国特色社会主义事业的顺利发展。

加强作风建设必须在进一步改进思想作风、学风、工作作风、领导作风和干部生活作风上下功夫。思想作风是党员干部思想观念、思想方法、思维方式在实际工作中的惯常表现，思想作风建设是党的作风建设的核心和灵魂。学风是指学习的风气、学习的风格、学习的方式等，学风体现党的精神面貌，是"第一个重要的问题"。工作作风是党组织和党员干部在工作中表现出来的一贯态度和行为，说到底是世界观、人生观、价值观问题。领导作风是领导在领导机构和领导活动中的态度和言行的一贯体现。领导作为一个地方、一个单位的"火车头"和"指挥系统"，只有方向正、风气正，才能推动火车平稳快速前进。党员干部生活作风是指党员干部的生活态度和行为模式，是其思想品质、道德观念以及行为方式的综合反映，直接影响党和政府在人民群众心目中的形象。加强和改进作风建设，必须持续在上述五个方面下功夫，切实解决宗旨意识不强、政绩观不端正、名利思想严重、纪律观念淡薄等作风问题，尤其要持续在"三严三实"上下功夫，切实做到既严以修身、严以用权、严以律己，又谋事要实、创业要实、做人要实，大力弘扬党的优良传统和作风，努力创造经得起实践、人民、历史检验的业绩，以作风建设的明显成效取信于民，以优良的作风把人民群众紧紧凝聚在一起。

加强和改进作风建设必须坚持持续用力、久久为功。事实一再证明，作风建设永远在路上。作风问题具有反复性和顽固性，不可能一蹴而就、毕其功于一役；加强和改进作风建设是攻坚战，也是持久战。必须看到，经过党的十八大以来的正风肃纪，尽管"四风"问题总体上得到了有效遏制，但党内存在的作风不纯问题尚未得到根本解决，一些"四风"问题在高压之下改头换面、隐形变异、潜入地下，作风建设任务依然艰巨而复杂。这就需要我们持续拿出踏石留印、抓铁有痕的劲头，锲而不舍、驰而不息的毅力，紧紧扭住纠正"四风"特别是形式主义、官僚主义问题，切实解决人民群众最关心最现实最急迫的实际问题，着力解决关系群众切身利益的痛点、难点、堵点问题，把作风建设的成效落到基层，落到群众有更多获得感上。需要我们不厌其烦抓常，坚持经常抓、见常态，一件事情一件事情落实，一个节点一个节点坚守，一个阶段一个阶段推进；需要我们举一反三抓细，坚持深入抓、见实招，从细节入手，见微知著，对隐藏在工作细节、生活细处的"四风"问题不遗漏、不放过，对新出现的不良苗头问题抓早、抓小；需要我们坚持不懈抓长，坚持持久抓、见长效，不搞"运动式"，不打"游击战"，扎实编织好制约和监督权力运行的制度"笼子"，实现用制度管权、按制度办事、靠制度管人，为作风建设提供长效制度保障。

第二章

健全为民制度

　　"经国序民，正其制度。"制度是指以规则或运作模式，规范组织和个体行动的一种社会结构。对一个国家、一个政党、一个组织来说，制度具有根本性、全局性、稳定性、长期性作用。新中国成立后，我们党创造性地运用马克思主义国家学说，为建设社会主义国家制度进行了不懈努力，逐步确立并巩固包括政治、经济、文化、社会、生态以及党的建设等各领域在内的，由根本制度、基本制度、重要制度组成的制度体系。党的十八大以来，习近平同志围绕保证人民当家作主，就坚持和完善为民制度发表了一系列重要讲话，作出了一系列重要批示。这些讲话和批示，是以人民为中心的发展思想在党和国家制度建设上的生动体现。党的十九届四中全会通过的《中共中央关于坚持和完善中国特色社会主义制度、推进国家治理体系和治理能力现代化若干重大问题的决定》，系统集成党领导人民当家作主的若干制度，对推动各方面制度更加定型更加成熟、把我国制度优势更好转化为国家治理效能，具有重大而深远的意义。通过学习领会习近平同志的重要论述和十九届四中全会精神，梳理系列为民制度，领会其精髓要义，我们能够更加深刻地感受到中国特色社会主义制度的人民性和优越性，更加自觉地坚定中国特色社会主义制度自信，更加昂扬地以奋斗的姿态不断推进国家治理体系和治理能力现代化。

①

坚持党的领导、人民当家作主、
依法治国有机统一

　　坚持党的领导、人民当家作主、依法治国有机统一，是我国政治制度区别于资本主义国家政治制度的本质特征，是中国特色社会主义政治制度优越性的集中体现，是坚持中国特色社会主义道路的"定海神针"，是实现中华民族伟大复兴中国梦的必然要求。

　　党的十八大以来，习近平同志多次强调："坚持中国特色社会主义政治发展道路，关键是要坚持党的领导、人民当家作主、依法治国有机统一。"2014 年 9 月 5 日，习近平同志在庆祝全国人民代表大会成立 60 周年大会上指出："在中国，发展社会主义民主政治，保证人民当家作主，保证国家政治生活既充满活力又安定有序，关键是要坚持党的领导、人民当家作主、依法治国有机统一。"在党的十九大报告中，他又将三者有机统一作为发展社会主义民主政治的首要战略任务，明确指出："党的领导是人民当家作主和依法治国的根本保证，人民当家作主是社会主义民主政治的本质特征，依法治国是党领导人民治理国家的基本方式，三者统一于我国社会主义民主政治伟大实践。"这些重要论述，是对党的领导、人民当家作主、依法治国三者的定位、相互关系和重要作用的深刻阐释，科学回答了当代中国发展什么样的民主政治、怎样发展社会主义民主政治等重大问题，是坚定不移走中国特色社会主义政治发展道路的根本遵循，也为新时代坚持和完善这一制度指明了方向。

党是中国特色社会主义事业的领导核心，党的领导是人民当家作主和依法治国的根本保证。党政军民学、东西南北中，党是领导一切的。坚持党对一切工作的领导，是党和国家的根本所在、命脉所在，也是全国各族人民的利益所在、幸福所在。一方面，党的领导是人民当家作主的根本保证。我们党自成立之日起，就以实现人民当家作主为己任，从国内革命战争时期的"罢工工人代表大会"和"农民协会"，到"苏维埃代表大会"和"工农兵代表大会"；从全民族抗日战争时期的"陕甘宁边区参议会"到解放战争时期的"人民代表会议"等，我们党带领人民探索建设人民当家作主新社会的脚步一刻也没有停过。党执政以后，就把人民代表大会制度作为实现人民当家作主的根本制度确立下来，有效保证了人民实现当家作主。正如习近平同志强调指出的："中国共产党的领导，就是支持和保证人民实现当家作主。""我们强调坚持党的领导，归根到底是为了实现人民群众当家作主的权利和根本利益。"另一方面，党的领导也是依法治国的根本保障。依法治国是我们党在带领人民治国理政的实践中提出来的，并将依法治国作为治理国家的基本方式。依法治国强调党领导人民制定法律、执行法律，同时强调党必须在法律范围内活动，做到党领导立法、保证执法、带头守法，自身不能凌驾于法律之上，不搞特殊，不行特权。实践证明，党的领导与社会主义法治是一致的，只有坚持党的领导，依法治国才有可靠的政治保证。正因为如此，我们必须坚持和完善党的领导制度体系，健全坚定维护党中央权威和集中统一领导的各项制度，发挥党总揽全局、协调各方的领导核心作用；同时，要不断完善提高党的执政能力和领导水平的各项制度，善于使党的主张通过法定程序成为国家意志，不断提高党科学执政、民主执政、依法执政水平，确保党领导人民有效治理国家。

人民当家作主是社会主义民主政治的本质特征，是坚持党的领导和依法治国的基础和所要实现的目标。习近平同志指出："人民民主是社会主义的生命。没有民主就没有社会主义，就没有社会主义的现代化，就没有中华民族伟大复兴。"人民当家作主是发展社会主义民主政治的出发点和落脚点，也是我们各项事业取得胜利的力量源泉和重要保证。强调坚持党的领导、坚持依法治国，目的就是要不断实现、维护和发展人民的根本利益，包括实现和保障人民当家作主的民主权利。历史和实践证明，西方民主只是民主在当时历史条件下的一种暂时的历史形态，在很大程度上已经异化为金钱政治和民粹主义政治；与之相比，社会主义民主政治则是以人民当家作主为本质和核心。保证和支持人民当家作主不是一句口号，不是一句空话。要坚持和完善人民当家作主的制度体系，发展社会主义民主政治，扩大人民有序政治参与，依法实行民主选举、民主协商、民主决策、民主管理、民主监督，不断丰富民主形式，拓宽民主渠道，充分保障人民的知情权、参与权、表达权、监督权，把人民当家作主具体地、现实地体现到中国共产党执政和国家治理上来，体现到中国共产党和国家机关各个方面、各个层级的工作上来，体现到人民对自身利益的实现和发展上来。

依法治国是党领导人民治理国家的基本方式，是坚持党的领导和人民当家作主的重要保障。法律是治国之重器，法治是国家治理体系和治理能力的重要依托。实现人民当家作主，仅有良好的愿望是不够的，还必须有制度化、法律化的手段为保障。依法治国不仅从制度上、法律上保证人民当家作主，而且从制度上、法律上保证党的执政地位。维护国家法制统一、尊严、权威，实质上就是维护党和人民共同意志的尊严和权威。党的十九大报告把坚持全面依法治国作为新时代坚持和发展中国特色社会主义的基本方略之一，对深化依法治国实践作出部署。党的十九届四中全会提出坚持和完善中国特色社会主义法治体系，提高党依法治国、依法执政能力的明确要求，为进一步推进全面依法治国、建设法治中国，在法治轨道上坚持和完善中国特色社会主义制度指明了方向和路径。我们要坚定不移走中国特色社会主义法治道路，坚持依法治国、依法执政、依法行政共同推进，坚持法治国家、法治政府、法治社会一体建设，加快形成完备的法律规范体系、高效的法律实施体系、严密的法律监督体系、有力的法律保障体系，加快形成完善的党内法规体系，推动人民当家作主制度化、法制化，通过依法治国把党的主张、人民的意志、国家的科学决策结合起来，保证我们党始终代表人民利益、带领人民不断前进。

总的来说，党的领导是顶梁柱和主心骨，人民当家作主是旨归和目标，依法治国是守护和保障。三者不是脱节的而是联通的，不是冲突的而是和谐的，不是混合的而是契合的，是一个相辅相成的整体，有机统一于我国社会主义民主政治的理论逻辑和实践逻辑中。任何把党的领导、人民当家作主、依法治国割裂开来、对立起来或者相互取代的主张和做法，都是错误的，必须坚决反对。在推进社会主义民主政治建设的进程中，我们要旗帜鲜明地坚持党领导人民当家作主的国家治理体系，更加充分地发挥社会主义民主政治的优势和特点，为人类政治文明进步贡献充满中国智慧的中国方案。尤其要按照既积极又稳妥的原则全面深化改革，确保各个领域、各个步骤的各项改革措施，都有利于党的领导、人民当家作主、依法治国有机统一。

②

坚持人民民主专政

　　人民民主专政制度是我国的国体，是马克思主义国家学说与我国革命具体实践相结合的产物，是作为立国之本的"四项基本原则"中的一项重要内容，也是被实践证明了的符合中国国情、具有中国特色、充满生机活力的制度安排。

　　"金豆豆，银豆豆，豆豆不能随便投。选好人，办好事，投在好人碗里头。"这首质朴的歌谣，反映的是抗日战争时期陕甘宁边区民主选举的生动场景。一粒粒小小的豆子，承载着人民当家作主的希望，映照出中国共产党为发展人民民主进行的不懈探索。从"工农民主""人民民主"到"新民主主义"，从"农民协会""士兵委员会"、工农兵代表大会制度到人民代表会议制度，中国共产党在把马克思主义基本原理同中国具体实际相结合、建立新型人民政权的理论和实践探索中，逐步得出一个历史性结论：新民主主义革命胜利后建立的政权，只能是工人阶级领导的、以工农联盟为基础的人民民主专政。1954 年 9 月召开的第一届全国人民代表大会第一次会议，通过了此前经过全国人民广泛讨论的《中华人民共和国宪法》，把我国国体确立为"工人阶级领导的、以工农联盟为基础的人民民主国家"。1982年 12 月，第五届全国人民代表大会第五次会议通过的《中华人民共和国宪法》规定："中华人民共和国是工人阶级领导的、以工农联盟为基础的人民民主专政的社会主义国家。"中国的国体在宪法中得到明确规定。习近平同志在党的十九大报告中强调："我国是工人阶级领导的、以工农联盟为基础的人民民主专政的社会主义国家，国家一切权力属于人民。"这一论述重申了人民民主专政制度作为我国不可动摇的国体，是社会主义中国立国的根本所在，确认了人民作为国家主人的地位，反映了社会主义民主的根本要求，为我们在新时代坚持人民民主专政制度提供了根本遵循。

　　人民民主专政制度是无产阶级专政学说在中国的创造性运用和发展。马克思认为，无产阶级专政是阶级和国家消亡过程中不可逾越的阶段，无产阶级只有建立自己的国家政权，才能解放生产力、发展生产力，在解放自身的过程中解放全人类，最终实现阶级的消失和国家的消亡。毛泽东同志吸收借鉴了无产阶级专政学说，结合近代以来中国阶级状况的现实和中国革命所承担的历史任务，提出了具有中国特色的无产阶级专政学说——无产阶级领导的以工农联盟为主体的人民民主专政的理论。毛泽东在《论人民民主专政》中指出："总结我们的经验，集中到一点，就是工人阶级（经过共产党）领导的以工农联盟为基础的人民民主专政。""对人民内部的民主方面和对反动派的专政方面，互相结合起来，就是人民民主专政。"毛泽东同志用"人民"一词替代马克思主义经典作家的"无产阶级"，并与时俱进地扩大人民的范围，突出人民的主体地位，既体现了无产阶级专政的本质特征，又反映了中国的国情，具有鲜明的中国特色。党的十一届三中全会后，邓小平同志对人民民主专政的思想作了进一步阐述。他说，在无产阶级专政条件下，不搞现代化，科学技术水平不提高，社会生产力不发达，国家的实力得不到加强，人民的物质文化生活得不到改善……我们的社会主义政治制度和经济制度就不能充分巩固，我们国家的安全就没有可靠的保障。在邓小平同志看来，民主是专政的基础，专政是民主的保障，巩固人民民主专政除了要靠人民民主专政自身的力量之外，最根本的就是要依靠发展生产力。党的十八大以来，习近平同志从人民主体视角进一步发展了人民民主专政思想。他深刻指出："人民民主是中国共产党始终高举的旗帜。""没有民主就没有社会主义，就没有社会主义的现代化，就没有中华民族伟大复兴。"为了更有效地实施人民民主专政，他提出了以保护人民为基点的全面依法治国理念，强调"法治为了人民、依靠人民、造福人民、保护人民"。在习近平同志看来，坚持人民民主专政，出发点和落脚点在于坚持和保障人民的主体地位，充分体现人民意志，保证人民当家作主。

人民民主专政制度彰显了中国特色社会主义制度的优越性。民主作为一种国家制度，从来就不是抽象的，而是具体的，具有鲜明的阶级性。资产阶级为了欺骗和蒙蔽人民群众，总是否认国家是暴力统治的机关，妄图掩盖国家的阶级本质。马克思、恩格斯早在《共产党宣言》中就深刻揭露出资产阶级国家的阶级本质："现代的国家政权不过是管理整个资产阶级的共同事务的委员会。"毛泽东同志也曾一针见血地指出，资产阶级的"所谓民主政治，实际上都是吃人政治"。习近平同志强调："看待政治制度模式，必须坚持马克思主义政治立场。马克思主义政治立场，首先就是阶级立场，进行阶级分析。"任何国家的政权，都包括民主和专政两个方面，即在统治阶级内部实行民主，对被统治阶级实行专政。资产阶级的民主制，实际上就是资产阶级专政；而无产阶级的民主制，则是无产阶级专政，在中国则表现为人民民主专政。正如毛泽东同志指出，我们是人民民主专政，各级政府都要加上"人民"二字，各种政权机关都要加上"人民"二字。中国"是新型民主的（对无产者和一般穷人是民主的）和新型专政的（对资产阶级是专政的）国家"。人民民主专政的民主之所以是一种新型的民主，就在于它是建立在生产资料公有制基础上的广大人民当家作主的民主，具有广泛性和真实性，这是其他任何民主都不具备的；人民民主专政的专政之所以是一种新型的专政,在于它是广大人民对极少数人的专政,在必要的情况下剥夺他们的政治自由,坚决镇压他们的颠覆活动,从而有力地保障社会主义民主,保证人民的根本权益。正因为如此,毛泽东同志满怀信心地说:"我们的人民民主专政的制度,较之资本主义国家的政治制度具有极大的优越性。在这种制度的基础上,我国人民能够发挥其无穷无尽的力量。这种力量,是任何敌人所不能战胜的。"

科学把握民主和专政的辩证关系,是坚持人民民主专政制度的前提。把无产阶级专政看作民主与专政的统一体,这是马克思主义的基本观点。人民民主专政包含在人民内部实行民主和对敌人实行专政两个方面。所谓人民民主,就是人民是主、人民作主,就是要让人民真正成为国家主人,激发出广大人民群众的智慧和力量,坚决防止国内外敌对势力的一切破坏活动,将人民民主专政最大限度地落到实处。所谓人民专政,就是要使用国家机器对一切损害、危害人民利益的国内外敌对势力及其行为进行强力的限制、打击以至镇压。二者相互支撑、相互渗透、相互转化,共同支撑起保护全国各族人民根本权利和根本利益的大厦。正如邓小平同志指出的:"只有绝大多数人民享有高度的民主,才能够对极少数敌人实行有效的专政;只有对极少数敌人实行专政,才能够充分保障绝大多数人民的民主权利。"这就要求我们既要大力发展社会主义民主,保障人民当家作主,也要用好"专政"手段,将"刀把子"牢牢掌握在人民手中。要坚持依法治国,驰而不息推进法制建设,依法行政、依法执法、依法司法,依法惩处当罚之人,决不滥用、错用"专政"工具,从而使人民民主专政彰显其正效应。

维护人民的根本权益,是坚持人民民主专政制度的旨归。人民民主专政的本质就是人民当家作主。没有人民民主专政的国体,就没有人民当家作主。毛泽东同志在新中国成立前夕说,人民民主专政"对于胜利了的人民,这是如同布帛菽粟一样地不可以须臾离开的东西。这是一个很好的东西，是一个护身的法宝，是一个传家的法宝"。没有人民民主专政，"人民就要遭殃，国家就要灭亡"。历史和实践充分证明，人民民主专政既坚持了马克思主义基本原理，又完全符合中国国情，坚决捍卫了人民的根本权益。只有继续坚持人民民主专政，才能确保国家权力属于人民，确保人民当家作主，才能实现好、维护好、发展好最广大人民的根本利益。人民需要人民民主专政，不仅是因为我们的国家是人民的国家，人民是国家的主人，更是因为专政的对象依然客观存在，各种敌对势力颠覆、破坏活动、犯罪活动不但危害国家安全、社会稳定，也势必对人民安全、人民利益造成严重损害。因此，必须把发展社会主义民主、健全社会主义法制作为巩固和发展人民民主专政的重要途径，坚决打击一切破坏社会主义现代化建设的敌对分子，切实维护人民的合法权益，不断提升人民群众的获得感、幸福感、安全感。

3

坚持和完善人民代表大会制度

人民代表大会制度作为我国的政体，体现了我国一切权力属于人民的社会主义国家性质，是人民当家作主的重要途径、根本体现和最高实现形式，是坚持党的领导、人民当家作主、依法治国有机统一的根本政治制度安排，也是支撑中国国家治理体系和治理能力的根本政治制度。

习近平同志指出："在中国实行人民代表大会制度，是中国人民在人类政治制度史上的伟大创造，是深刻总结近代以后中国政治生活惨痛教训得出的基本结论，是中国社会 100 多年激越变革、激荡发展的历史结果，是中国人民翻身作主、掌握自己命运的必然选择。"我们党自诞生之日起，就把马克思主义基本原理与中国具体实际相结合，以实现中国人民当家作主和中华民族伟大复兴为己任，为寻找能够更好地体现人民当家作主的政权形式进行了不懈探索和艰辛实践，从第一次国内革命战争时期建立的"农民协会""工人罢工委员会"，到第二次国内革命战争时期实行的工农兵代表大会制度，从全民族抗日战争时期的抗日民主政权和与之相适应的参议会制度，到解放战争时期在解放区实行的人民代表会议制度，中国共产党人最终得出一个历史性结论：最符合中国国情的国家政权组织形式，只能是按照民主集中制原则组织起来的人民代表大会制度。1949 年 9 月，具有临时宪法地位的《中国人民政治协商会议共同纲领》庄严宣告，新中国实行人民代表大会制度。1954 年 9 月，第一届全国人民代表大会第一次会议召开，标志着人民代表大会制度正式作为我国的根本政治制度在全国范围内确立。

60 多年来，党和国家通过人民代表大会制度，团结和动员全体人民以国家主人翁的身份投身社会主义革命、建设和改革，广泛调动、充分发挥人民群众积极性、主动性、创造性；有效调节各国家机关之间、中央和地方之间、各民族之间的关系，实现国家机关和领导层有序更替，形成安定团结的政治局面，推动改革开放和社会主义现代化建设取得举世瞩目的成就。这一全新制度，既不搞"三权分立""多党轮流执政""两院制"，也不搞西方所谓的"宪政民主"，而是把党的领导、人民当家作主、依法治国三者有机统一起来，体现中国社会主义国家政权性质的基本定位，能够有效避免党派之间相互倾轧、三权之间相互掣肘的弊端，有效保证各国家机关在党的领导下协调运转，国家统一高效组织推进各项事业、集中力量办大事。实践充分证明，人民代表大会制度是符合中国国情和实际、体现社会主义国家性质、保证人民当家作主、保障实现中华民族伟大复兴的好制度，真正实现了民主形式与民主本质的统一、国体与政体的统一、民主与效率的统一，必须充满自信、倍加珍惜，毫不动摇坚持、与时俱进完善。

坚持和完善人民代表大会制度，要牢牢把握坚持党的领导这个根本政治原则。坚持党的领导，是实行人民代表大会制度的内在要求和优势所在，也是做好人大工作的根本保证和关键所在。人民代表大会制度是在中国共产党的领导下探索建立、巩固发展的，也必须在中国共产党的领导下继续完善发展，才能充分发挥国家根本政治制度的功效。习近平同志形象地说："我国社会主义政治制度优越性的一个突出特点是党总揽全局、协调各方的领导核心作用，形象地说是'众星捧月'，这个'月'就是中国共产党。"

要旗帜鲜明讲政治，增强"四个意识"、坚定"四个自信"、做到"两个维护"，把习近平新时代中国特色社会主义思想作为坚持和完善人民代表大会制度的科学指引和行动指南，确保党的主张通过法定程序成为国家意志，确保党组织推荐的人选通过法定程序成为国家政权机关的领导人员，保证党的路线方针政策和决策部署在国家工作中得到全面贯彻和有效执行；要紧紧围绕党和国家工作大局谋划和推进人大各项工作，把党的领导贯穿于人大依法履职的全过程，始终保持人大工作正确的政治方向。

坚持和完善人民代表大会制度，要牢牢把握坚持人民当家作主这个社会主义民主政治的本质和核心。人民代表大会制度之所以具有强大生命力和显著优越性，关键在于它深深植根于人民之中。习近平同志指出："我国社会主义民主是维护人民根本利益的最广泛、最真实、最管用的民主。发展社会主义民主政治就是要体现人民意志、保障人民权益、激发人民创造活力，用制度体系保证人民当家作主。"要把以人民为中心的发展思想贯穿于工作全过程，坚持国家一切权力属于人民，坚持人民主体地位，支持和保证人民通过人民代表大会行使国家权力，管理国家事务，管理经济、文化事业，管理社会事务，保证各级人大都由民主选举产生、对人民负责、受人民监督，保证各级国家机关都由人大产生、对人大负责、受人大监督。要发展更加广泛、更加充分、更加健全的人民民主，从各层次各领域扩大公民有序政治参与，最大限度保障人民合法权益，保障人民当家作主；发挥好人大代表联系人民群众的桥梁纽带作用，健全人大代表联络机制，切实规范人大代表的活动方式，为他们联系群众、开展活动提供方便和条件，引导和调动人大代表依法履行职责的积极性、主动性。

坚持和完善人民代表大会制度，要牢牢把握民主集中制这个国家组织形式和活动方式的基本原则。作为马克思主义政党的根本组织原则，民主集中制不但体现在建立、组织人民代表大会制度上，还贯穿于人民代表大会制度运行的整个过程。早在 1940 年，毛泽东同志在《新民主主义论》中就明确指出，中国"可以采取全国人民代表大会、省人民代表大会、县人民代表大会、区人民代表大会直到乡人民代表大会的系统，并由各级代表大会选举政府"。1945 年 4 月，他在《论联合政府》中进一步指出："新民主主义的政权组织，应该采取民主集中制，由各级人民代表大会决定大政方针，选举政府。""只有这个制度，才既能表现广泛的民主，使各级人民代表大会有高度的权力；又能集中处理国事，使各级政府能集中地处理被各级人民代表大会所委托的一切事务，并保障人民的一切必要的民主活动。"可见，人民代表大会制度的民主集中制实质上是一种民主与效率相统一的民主制，更有利于形成和实现人民的共同意志，更有效地实现人民民主，是对西方分权制衡制的超越。要坚持人民代表大会统一行使国家权力，国家机关实行决策权、执行权、监督权既有合理分工又有相互协调，保证国家机关依照法定权限和程序行使职权、履行职责，坚持在党中央统一领导下，充分发挥地方主动性和积极性，保证国家统一高效组织推进各项事业。各级人大及其常委会要按照民主集中制原则，充分发扬民主，严格依法按程序办事，集体行使职权，健全人大组织制度、选举制度和议事规则，完善论证、评估、评议、听证制度，加强和改进立法工作、法律实施工作、监督工作，确保制定的法律法规和作出的决议决定符合实际、具有权威性和合法性，确保宪法和法律得到有效实施，确保公民和法人合法权益得到切实尊重。

4

坚持中国共产党领导的多党合作和
政治协商

中国共产党领导的多党合作和政治协商制度是我国的一项基本政治制度，反映了人民当家作主的社会主义民主的本质。这项新型政党制度的显著特征是：共产党领导、多党派合作，共产党执政、多党派参政。具体地说，就是中国共产党处于执政党地位，八个民主党派（中国国民党革命委员会、中国民主同盟、中国民主建国会、中国民主促进会、中国农工民主党、中国致公党、九三学社、台湾民主自治同盟）以参政党身份参与国家政权，秉持"长期共存、互相监督、肝胆相照、荣辱与共"的方针，民主党派积极履行参政议政、民主监督的职责，将其所联系的一部分社会主义劳动者、社会主义事业的建设者、拥护社会主义的爱国者、拥护祖国统一和致力于中华民族伟大复兴的爱国者牢牢团结在中国特色社会主义建设的道路上，共同应对前进中的各种困难和考验。在这项新型政党制度中，各民主党派、各人民团体、各少数民族和社会各界的代表，对国家的大政方针以及政治、经济、文化和社会生活中的重要问题在决策之前举行协商并就决策执行过程中的重要问题进行协商，充分体现了集中社会各界的智慧力量办大事的制度优势，突破了旧式政党代表某个集团或者某个群体和阶层利益的藩篱，具有利益的广泛代表性、真实性。

"履不必同，期于适足；治不必同，期于利民。"习近平同志指出："中国共产党领导的多党合作和政治协商制度作为我国一项基本政治制度，是中国共产党、中国人民和各民主党派、无党派人士的伟大政治创造，是从中国土壤中生长出来的新型政党制度。""政治创造"，表明这一制度前无古人，是全新的、开创性的；"中国土壤"，表明这一制度不是舶来品，而是土生土长的、独具中国特色的。习近平同志在提出新型政党制度这一概念时指出：新就新在它是马克思主义政党理论同中国实际相结合的产物，能够真实、广泛、持久代表和实现最广大人民根本利益、全国各族各界根本利益；新就新在它把各个政党和无党派人士紧密团结起来、为着共同目标而奋斗；新就新在它通过制度化、程序化、规范化的安排集中各种意见和建议、推动决策科学化民主化。这三个"新就新在"，深刻阐明了我国新型政党制度的鲜明特点和独特优势，彰显了高度的理论自觉和坚定的制度自信，为世界政党政治发展提供了中国方案，也为新时代进一步充分发挥我国新型政党制度效能指明了方向。

1948 年 4 月 30 日，中国共产党发布了著名的"五一口号"，号召"各民主党派、各人民团体、各社会贤达迅速召开政治协商会议，讨论并实现召集人民代表大会，成立民主联合政府"，人民政协的新构想由此发端，得到了各民主党派、无党派民主人士的热烈响应。1949 年 9 月下旬，中国人民政治协商会议第一届全体会议隆重举行，标志着中国共产党领导的多党合作和政治协商制度的正式确立，也宣告中国民主政治建设和政党制度翻开了崭新的一页。70 多年来，这一制度有效适应我国经济社会发展，维护了政治稳定，凝聚了政治共识，团结了各方力量，在成立新中国和社会主义革命、建设、改革各个历史时期发挥了十分重要的作用，具有鲜明的中国气派和中国风格，在人类政党发展史上独树一帜。中国特色社会主义进入新时代，中国共产党领导的多党合作和政治协商制度也进入新时代，中国共产党和各民主党派、无党派人士要不忘合作初心，继续携手前进，共同把这一制度坚持好、发展好、完善好。

首先，要把坚持中国共产党的全面领导作为根本准则。中国共产党的领导是中国特色社会主义的本质特征，也是多党合作和政治协商制度政治功能优势发挥的根本保障。只有坚持中国共产党的全面领导，中国特色多党合作与政治协商制度才能发挥最大制度优势，中国共产党和各民主党派的政党协商才能发挥最大的政治效益和社会效益。要充分发挥中国共产党总揽全局、协调各方的领导核心作用，坚定不移地走中国特色社会主义政治发展道路，绝不照搬西方的两党制或多党制的政治模式。各民主党派要坚决维护习近平同志的核心地位，坚决维护党中央权威和集中统一领导，始终在政治立场、政治方向、政治原则、政治道路上同以习近平同志为核心的党中央保持高度一致，同心同德、同心协力开创为实现中华民族伟大复兴中国梦共同奋斗的政治新局面。

其次，要把维护人民权益作为参政议政的基础选题。习近平同志指出："全心全意为人民服务，始终代表最广大人民根本利益，是我们能够实行和发展协商民主的重要前提和基础。"与西方政党之间相互倾轧、攻讦和算计不同，我国的多党合作既是政治共同体，也是利益共同体，以实现、维护和发展人民利益为依归。中国共产党领导的多党合作和政治协商制度是实行人民民主的政治制度保障，其创立、发展都是以人民为中心，能够广泛又真实地实现最广大人民的根本利益，具有鲜明的人民性。这一制度有利于整合、调和各个利益主体和社会关系，找到利益交集区和"最大公约数"，画出最大"同心圆"，从而形成制定保证社会公平的公共政策的民意基础。因此，坚持中国共产党领导的多党合作和政治协商制度，必须坚持"把人民利益放在最高位置"的理念贯穿其中。各民主党派要把民主协商、参政议政的选题与人民所思所忧所盼对焦起来，想人民之所想，急人民之所急，道实情、建良言，始终做到参政参到要点上、议政议到关键处，把参政议政的意见、建议转化到维护人民的切身权益上来。

再次，要把广大人民群众作为协商民主的重要主体。在西方发达国家，民主往往只是形式主义的，人民往往只有投票的形式而无真正参与决策、监督、执行等各方面的民主权利，"选举时轰轰烈烈，选举后无能为力"。与之相比，通过人民政协这一新型政党制度重要政治形式和组织形式，能有效保证人民享有更广泛、更充实的权利和自由，广泛、完整、有效参与国家治理和社会治理，而不是置身事外。在新时代，中国共产党领导的多党合作和政治协商制度建设，必须具体地、现实地落到人民群众积极参与各级各类政治协商中来，进一步完善人民政协专门协商机构制度，健全发扬民主和增进团结相互贯通、建言资政和凝聚共识双向发力的程序机制，构建程序合理、环节完整的协商民主体系，不断提高政治协商、民主监督、参政议政水平，及时反映并尽量满足各民族、各阶层、各领域人民群众的正当和迫切需求，推动科学决策、民主决策，更好实现人民对权力的监督。

最后，要把建设高素质的参政党作为重要途径。习近平同志强调："支持民主党派加强思想、组织、制度特别是领导班子建设，提高政治把握能力、参政议政能力、组织领导能力、合作共事能力、解决自身问题能力。"多党合作和政治协商制度要保持经久不衰的魅力，始终焕发生机与活力，民主党派加强自身建设、始终保持进步性特征十分重要。中国特色社会主义进入新时代，对民主党派自身建设也提出了新希望新要求。各民主党派要坚持与时俱进，坚持高标准严要求，准确把握作为参政党的性质和地位，不断提高加强自身建设的科学化水平，自觉承担起中国特色社会主义参政党的历史使命。要继续高举爱国主义、社会主义旗帜，牢牢把握大团结大联合主题，切实加强思想政治引领，增强接受中国共产党领导的自觉性和坚定性；切实加强组织建设，把好组织发展入口关和质量关，优化组织结构，创新基层组织活动方式，加强对广大成员特别是骨干成员的管理和监督；切实加强领导班子建设，建立健全集体领导的各项规章制度，进一步提高政治把握能力、参政议政能力、组织领导能力、合作共事能力、群众工作能力和解决自身问题能力，全面提升履行参政党职责的能力素养，促进多党合作不断取得新发展、迈上新台阶，努力做中国共产党的好参谋、好帮手、好同事。

（5）

巩固和发展最广泛的爱国统一战线

统一战线从广义上讲，是指不同社会政治力量在一定条件下，为了一定的共同目标而建立的政治联盟或联合。历史上，我们党为了完成不同的历史任务，倡议和建立了革命统一战线、抗日民族统一战线、人民民主统一战线和爱国统一战线。新时期的爱国统一战线是宪法确立的政治制度，是实现中国特色社会主义共同理想的重要制度保障，也是中国特色社会主义政治制度的一大特色和优势。

早在 1939 年，毛泽东同志就明确把统一战线、武装斗争、党的建设称为中国共产党在革命中战胜敌人的"三个主要的法宝"，并把统一战线放在"三个主要的法宝"之首。2012 年 12 月，习近平同志在首都各界纪念现行宪法公布施行 30 周年大会上的讲话中，第一次把爱国统一战线当作"宪法确立的制度和原则"，强调"必须长期坚持、全面贯彻、不断发展"。这对进一步深化对爱国统一战线的认识，构建系统完备、科学规范、运行有效的中国特色社会主义制度体系具有重大而深远的意义。习近平同志在党的十九大报告中进一步强调，"统一战线是党的事业取得胜利的重要法宝，必须长期坚持"，并把发展最广泛的爱国统一战线纳入新时代坚持和发展中国特色社会主义的基本方略之一。爱国统一战线由"重要法宝"发展为"政治制度"并上升为中国特色社会主义"基本方略"，是爱国统一战线随着历史发展的与时俱进，是中国社会主义政治制度自我完善和发展的时代要求，彰显了中国特色社会主义政治制度的优越性。

"人心向背、力量对比是决定党和人民事业的关键，是最大的政治。"统一战线就是解决社会主义建设人心和力量的问题。在长期的革命、建设、改革过程中，我们党始终把统一战线和统战工作摆在全党工作的重要位置，形成了由中国共产党领导的，各民主党派和各人民团体参加的，包括全体社会主义劳动者、社会主义事业的建设者、拥护社会主义的爱国者、拥护祖国统一和致力于中华民族伟大复兴的爱国者的最广泛的爱国统一战线，为党和人民事业不断发展营造了有利条件和良好氛围。中国特色社会主义进入新时代，我国发展的内外环境发生了深刻变化，所有制形式更加多样，社会阶层更加多样，社会思想观念更加多样。习近平同志强调："越是变化大，越是要把统一战线发展好、把统战工作开展好。"这就要求我们必须始终巩固和发展最广泛的爱国统一战线，坚持大统战工作格局，完善照顾同盟者利益政策，最大限度地把各阶层各方面的智慧和力量凝聚起来，最大限度地把全社会全民族的积极性、主动性、创造性发挥出来，共同为实现"两个一百年"目标而奋斗。

巩固和发展爱国统一战线，根本是要坚持党的领导。统一战线是党领导的统一战线，服从服务于党的历史使命。习近平同志指出："做好新形势下统战工作……最根本的是要坚持党的领导……实行的政策、采取的措施都要有利于坚持和巩固党的领导地位和执政地位。"历史表明，党的领导是中国统一战线的根本特点，也是统一战线在革命、建设、改革实践中发挥重大作用的根本保证。中国共产党是否掌握和坚持对统一战线的领导权，是统一战线事业成败的关键，是党的中心工作任务能否顺利实现的重要条件。进入新时代，必须进一步加强党对统一战线的领导，特别是政治原则、政治方向和重大方针政策的领导，引导统一战线增进对中国共产党的政治认同、思想认同、理论认同、情感认同，始终同以习近平同志为核心的党中央保持高度一致，在事关道路、制度、旗帜、方向等根本问题上始终与党中央统一思想步调，使党的意志和主张体现在统一战线各领域工作中。

巩固和发展爱国统一战线，前提是要正确处理一致性和多样性的关系。正确处理一致性和多样性的关系，是对统一战线实践经验的科学总结，也是对统一战线发展规律的准确把握。习近平同志指出："统一战线是一致性和多样性的统一体，只有一致性、没有多样性，或者只有多样性、没有一致性，都不能建立和发展统一战线。"他还强调，"求同存异"是"正确处理一致性和多样性关系"的关键。这一论断从马克思主义辩证法的高度，深刻指明了新时代爱国统一战线的工作方针和工作艺术。坚持求同存异，首先，要不断巩固坚持党的领导、坚持爱国主义和中国特色社会主义这一共同思想政治基础，巩固已有共识、推动形成新的共识，这是基础和前提，也是统一战线的"一致性"。其次，要充分发扬民主、尊重包容差异，对其他各种多样性，只要不违背原则、触碰底线，都要在尊重不同社会群体个性和差异中，耐心细致寻找到最大公约数、画出最大同心圆，不断增强统一战线的凝聚力、感召力、战斗力。

巩固和发展爱国统一战线，基础是要善于联谊交友、凝心聚力。联谊交友是统一战线工作的重要内容，也是统战工作的重要方式。毛泽东同志曾形象地说，所谓政治，就是"把我们的人搞得多多的，把敌人搞得少少的"。习近平同志也强调："统一战线工作做得好不好，要看交到的朋友多不多、合格不合格、够不够铁……交朋友的面要广，朋友越多越好，特别是要交一些能说心里话的挚友诤友。"要针对党外代表人士不同的个性、观点、习惯、爱好等，积极发挥统一战线联谊交友的引导、沟通和纽带作用，多接触、多谈心、多帮助，讲尊重、讲平等、讲诚恳，广交、深交一批经得住重大政治斗争和复杂形势考验、关键时刻起得了作用的好朋友、真朋友。坚持讲原则、讲纪律、讲规矩，不能把党外人士当成个人资源，私谊必须服从公谊，出于公心为党交一大批肝胆相照的党外朋友，不断巩固党与党外人士的联盟。

巩固和发展爱国统一战线，关键是要高举爱国主义、社会主义旗帜，牢牢把握大团结大联合的主题。大团结大联合是统一战线永恒的主题，关系到统一战线的根本，影响党和国家工作的全局。习近平同志指出："统战工作的本质要求是大团结大联合，解决的就是人心和力量问题。"这种团结联合能够最大限度团结一切能够团结的力量，最大限度凝聚共识、凝聚力量。比如，在抗日民族统一战线中，不仅团结工人阶级、农民阶级、民族资产阶级和城市小资产阶级，还团结了作为革命对象但赞成抗日的地主阶级、官僚资产阶级成员。这既是统一战线巩固发展的客观需要，也是致力共同事业的内在要求。进入新时代，要根据我国经济社会结构的深刻变化和社会多样性发展，充分发挥统一战线沟通感情、联络友谊、凝聚人心的独特优势，只要是有利于现代化建设、统一祖国、振兴中华，只要是有利于民族团结、社会进步、人民幸福，都要加强同他们的联系，把一切可以团结的人团结起来，不断扩大我们党执政的群众基础。特别是要把团结新的社会群体和阶层作为工作着力点，同时，广泛团结联系港澳台同胞、海外侨胞和归侨侨眷，加强联系、积极引导，充分调动和激发他们的正能量，发挥他们在中国特色社会主义事业中的重要作用，进一步巩固壮大新时期爱国统一战线，为实现中华民族伟大复兴中国梦聚人心、添助力、增合力。

6

坚持民族区域自治制度

　　民族区域自治制度是包括少数民族人民在内的人民当家作主的中国特色模式，是体现社会主义制度优势的国家制度模式，是符合我国国情的基本政治制度。坚持民族区域自治，有利于维护民族团结、防止民族分离，有利于巩固国家的主权完整和统一，有利于促进各民族的共同繁荣和进步。

　　"五十六个星座，五十六枝花，五十六族兄弟姐妹是一家。"我国是一个多民族国家，在历史演进中我国各民族在分布上交错杂居、文化上兼收并蓄、经济上相互依存、情感上相互亲近，形成了你中有我、我中有你、谁也离不开谁的多元一体格局。对于一个多民族国家来说，采取什么样的国家结构形式来处理民族问题，关乎国家的长治久安和各民族的前途命运。新中国成立以来，我们党决然告别历史上的民族压迫与民族歧视政策，创立并实行民族区域自治制度，走出了中国特色解决民族问题的正确道路。习近平同志指出："中国特色解决民族问题的正确道路，就是坚持在中国共产党领导下，坚持中国特色社会主义道路，坚持维护祖国统一，坚持各民族一律平等，坚持和完善民族区域自治制度，坚持各民族共同团结奋斗、共同繁荣发展，坚持打牢中华民族共同体的思想基础，坚持依法治国，加强各民族交往交流交融，促进各民族和睦相处、和衷共济、和谐发展，巩固和发展平等团结互助和谐的社会主义民族关系，共同实现中华民族伟大复兴。"这一论述深刻阐明了民族区域自治制度是中国特色解决民族问题的正确道路，发展了马克思主义解决民族问题基本方式的理论，为世界多民族国家解决国内民族问题贡献了中国方案和中国智慧。

中国特色解决民族问题的正确道路，体现在政治制度层面就是坚持和完善民族区域自治制度。这一制度不是"飞来峰"，而是我们党根据我国长期以来是统一的多民族国家的国情，把马克思主义民族理论中国化的产物，是根据我国的历史发展、文化特点、民族关系和民族分布等具体情况作出的制度安排，是对马克思主义国家学说的丰富和发展。1949 年 9 月，中国人民政治协商会议第一次全体会议通过的《中国人民政治协商会议共同纲领》规定："各少数民族聚居的地区，应实行民族的区域自治，按照民族聚居的人口多少和区域大小，分别建立各种民族自治机关。"这标志着民族区域自治制度在中国以宪法性文件正式确立下来，各族人民在历史上第一次真正获得了平等的政治权利、共同当家做了主人，开辟了发展各民族平等团结互助和谐关系的新纪元。经过 70 多年的发展实践，目前，我国有内蒙古自治区、新疆维吾尔自治区、广西壮族自治区、宁夏回族自治区、西藏自治区 5 个自治区，30 个自治州和 120 个自治县（旗），民族自治地方面积达到全国国土总面积的 64%，少数民族的面貌、民族地区的面貌、民族关系的面貌、中华民族的面貌都发生了翻天覆地的历史性巨变，在世界上树立起民族团结进步的"中国样板"。实践证明，民族区域自治制度符合中国国情，是解决我国民族问题的一把"金钥匙"。在新的时代条件下，民族团结面临新情况新问题新挑战。我们要进一步坚持、完善和落实好民族区域自治制度，坚持各民族一律平等，坚持各民族共同团结奋斗、共同繁荣发展，使各民族像石榴籽一样紧紧拥抱在一起，共同致力于实现中华民族一家亲、同心共筑中国梦。

　　坚持和完善这一制度，必须加强中国共产党的领导。习近平同志指出："中国共产党的领导是民族工作成功的根本保证，也是各民族大团结的根本保证。"对于我们这样一个多民族国家来说，要实现团结统一，没有坚强有力的政治领导是不可想象的。历史和实践证明，只有中国共产党才能实现中华民族的大团结，只有中国特色社会主义才能凝聚各民族、发展各民族、繁荣各民族。坚持党对民族工作的领导，必须自觉在思想上政治上行动上同以习近平同志为核心的党中央保持高度一致，全面贯彻党的民族理论和方针政策，把党的政治领导、思想领导、组织领导贯穿到民族工作的全过程和各方面，确保民族团结进步事业始终沿着正确轨道向前推进。各级党委要把民族工作摆上重要议事日程，进一步健全民族工作领导机制。加强干部队伍建设，大力培养使用"明辨大是大非的立场特别清醒、维护民族团结的行动特别坚定、热爱各族群众的感情特别真诚"的好干部。坚持把加强民族地区基层党组织建设同民族团结进步创建统筹起来，使之成为富裕一方、团结一方、安定一方的坚强战斗堡垒。

　　坚持和完善这一制度，必须铸牢中华民族共同体意识。以社会主义核心价值观为引领，铸牢中华民族共同体意识，是新时代维护民族团结的思想基础。习近平同志强调："加强中华民族大团结，长远和根本的是增强文化认同，建设各民族共有精神家园，积极培养中华民族共同体意识。"要深化民族团结进步教育，立足统一多民族国家这一基本国情，树立马克思主义祖国观、民族观、文化观、历史观，使各族人民充分认识到中华民族是一个命运共同体，各民族只有把自己的命运同中华民族的命运紧紧连接在一起，才能拥有更加光明的前途，走向更加美好的明天。顺应新时代民族关系发展的新趋势，创造各民族共居、共学、共事、共乐的社会条件，引导各民族成员自然而然地接近，促进各民族交往交流交融，像石榴籽一样紧紧拥抱在一起。

　　坚持和完善这一制度，必须坚持统一和自治、民族因素和区域因素相结合。一方面，团结统一是国家最高利益，是各族人民共同利益，是实行民族区域自治的前提和基础。没有国家团结统一，就谈不上民族区域自治。要全面贯彻落实民族区域自治法，坚持把国家的整体利益和各民族的具体利益结合起来，既保障国家统一和民族团结，又保障各民族在"小家"中共同当家作主的权利，使各民族在祖国大家庭里，既和睦相处、和衷共济、和谐发展，又各得其所、各尽其能、各展所长。另一方面，民族区域自治，既包含民族因素，又包含区域因素。民族区域自治不是某个民族独享的自治，民族自治地方更不是某个民族独有的地方。在自治地方，各民族享有平等的法律地位，各族公民既能平等享有权利又要平等履行义务，既要共同建设各项事业又能共享建设发展成果。

　　坚持和完善这一制度，必须加快民族地区发展。邓小平同志曾经精辟地指出："实行民族区域自治，不把经济搞好，那个自治就是空的。"习近平同志也形象地说："发展是解决民族地区各种问题的总钥匙。"加快民族地区经济社会发展，着力保障和改善民生，让各族群众共享改革发展成果，是不断推进民族区域自治制度完善发展的重要基础。改革开放以来，民族地区发生了翻天覆地的变化，各族人民的生活水平有了较大提高。但由于历史、自然等因素，不少民族地区仍是贫困地区，一些民族地区甚至是深度贫困地区。确保民族地区如期同全国一道实现全面建成小康社会，必须加快脱贫攻坚步伐。当前，要切实发挥好中央、发达地区、民族地区的积极性，对边疆地区、贫困地区、生态保护区实行差别化的区域政策，优化转移支付和对口支援体制机制，把政策动力和内生潜力有机结合起来，紧扣民生抓发展，缩小差距、补齐短板，不断提高各族群众生活水平，确保全面小康路上一个地区也不能少、一个民族都不掉队。

⑦

坚持公有制为主体、多种所有制
经济共同发展

公有制为主体、多种所有制经济共同发展的基本经济制度，是中国特色社会主义制度的重要支柱，既体现了社会主义制度的优越性，又同我国社会主义初级阶段社会生产力发展水平相适应，是党和人民的伟大创造。习近平同志指出："实行公有制为主体、多种所有制经济共同发展的基本经济制度，是中国共产党确立的一项大政方针，是中国特色社会主义制度的重要组成部分，也是完善社会主义市场经济体制的必然要求。"这一论述高度概括了社会主义基本经济制度的重要意义、主要内容和基本要求，也深刻揭示了公有制经济和非公有制经济有机统一、相辅相成的内在关系。

马克思主义认为，经济基础决定上层建筑，而经济基础的核心则是生产资料所有制。在《共产党宣言》中，马克思和恩格斯强调，所有制问题是社会主义运动的基本问题。新中国成立后，我国建立了以生产资料公有制为基础的社会主义基本制度，实现了中国历史上最深刻最伟大的社会变革，为当代中国一切发展进步奠定了根本政治前提和制度基础。党的十五大把"公有制为主体、多种所有制经济共同发展"确立为我国的基本经济制度，明确这一制度是我国社会主义初级阶段的一项基本经济制度，是推动中国特色社会主义蓬勃发展的重要支柱。党的十六大明确提出"两个毫不动摇"，即"毫不动摇地巩固和发展公有制经济""毫不动摇地鼓励、支持和引导非公有制经济发展"。坚持"两个毫不动摇"，就是要坚持充分调动各种生产要素的积极性，就是要让社会财富的源泉充分涌流。党的十八届三中全会提出，公有制经济和非公有制经济都是社会主义市场经济的重要组成部分，都是我国经济社会发展的基础。"两个都是"的提出，丰富了"两个毫不动摇"，完善了基本经济制度理论。党的十九大把"两个毫不动摇"写入新时代坚持和发展中国特色社会主义的基本方略，作为党和国家一项大政方针进一步确定下来。党的十九届四中全会对中国特色社会主义基本经济制度作出新的阐释，提出在公有制为主体、多种所有制经济共同发展这一基本经济制度基础上，进一步把按劳分配为主体、多种分配方式并存和社会主义市场经济体制一并上升为我国社会主义基本经济制度。这一重大创新，标志着我国社会主义基本经济制度更加成熟、内容更加定型，体现了社会主义制度强大的生命力和自我完善能力。

中国特色社会主义基本经济制度作为一种新的制度形态，同资本主义市场经济制度相比，既充分利用了市场经济的长项，又避免了"市场失灵"和市场经济存在的自发性、盲目性、滞后性问题，让"看得见的手"和"看不见的手"相得益彰；既充分发挥公有制经济的作用，贯彻国家意志，有效发挥政府作用，做到集中力量办大事，又充分发挥和调动民营经济、外资经济富有活力和效率的优势，具有明显的制度优越性。改革开放以来，我国跃居为世界第二大经济体、第一制造大国和货物出口大国，经济社会发展取得的巨大成就充分证明，我国的基本经济制度是适应生产力发展和经济社会全面进步要求的，是完全正确的。当前，中国特色社会主义进入新时代，我国社会主要矛盾已经转化为人民日益增长的美好生活需要和不平衡不充分的发展之间的矛盾，要解决这一主要矛盾，亟须进一步坚持和完善社会主义基本经济制度，牢固树立和贯彻落实新发展理念，加快完善公平竞争、市场准入、生产许可、破产等社会主义市场经济体制，加快转变发展方式、优化经济结构、转换增长动力，把各种所有制经济的活力和动力都充分激发出来，共同致力于高质量高效益的发展，共同推动更平衡更充分的发展。

坚持党对经济工作集中统一领导是坚持和完善基本经济制度的根本政治保障。党对经济工作的集中统一领导，是中国特色社会主义市场经济区别于资本主义市场经济的关键，也是中国特色社会主义基本经济制度的最大优势。中国特色社会主义进入新时代，中国经济从高速增长阶段转向高质量发展阶段，迈向现代化强国的发展机遇和错综复杂的内外部风险挑战并存。只有坚持和完善党对经济工作的集中统一领导，才能充分发挥我国基本经济制度的优势，把坚持以经济建设为中心同坚持四项基本原则、坚持改革开放统一起来，确保我国经济发展始终沿着正确方向前进；才能贯彻落实创新、协调、绿色、开放、共享的发展理念，确保高质量发展沿着正确轨道前行；才能完善科技创新体制机制，构建社会主义市场经济条件下关键核心技术攻关新型举国体制，把握重大历史机遇、化解重大经济风险，实现从社会主义经济大国向社会主义经济强国的历史性飞跃。

实现全体人民的共同富裕是坚持和完善基本经济制度的重要目标。马克思主义强调，社会主义要实行公有制，正是服从于发展生产力和实现共同富裕的任务和目的的。习近平同志指出："共同富裕是中国特色社会主义的根本原则。""要坚持把增进人民福祉、促进人的全面发展、朝着共同富裕方向稳步前进作为经济发展的出发点和落脚点。"改革开放以来，我国破除城乡二元结构，实施区域协调发展战略，施行免除农业税、免除义务教育阶段学杂费、完善社会保障体系等一系列举措，人民生活从温饱不足向全面小康迈进，为逐步走向共同富裕打下了坚实基础。党的十八大以来，以习近平同志为核心的党中央坚定不移带领人民走共同富裕道路，城乡居民收入增速超过经济增速，中等收入群体持续扩大，居民收入差距和区域、城乡差距趋于缩小，脱贫攻坚战取得决定性进展，取得了历史性成就。实践充分证明，只有使发展成果更多更公平惠及全体人民，朝着共同富裕方向稳步前进，我国社会主义基本经济制度才能具有广泛的现实基础、深厚的群众基础，才能日益巩固和完善。必须发展和完善社会主义初级阶段的分配制度，健全再分配调节机制，完善满足居民基本需要的制度和机制，努力促进收入分配更合理、更有序，不断缩小收入差距，消除两极分化，维护社会公平，促进社会和谐，最终达到共同富裕。

深化国有企业改革、积极发展混合所有制经济是坚持和完善基本经济制度的题中应有之义。国有企业作为以公有制为主体的经济制度的主要实现形式，是国民经济的重要支柱。只有做强做优做大国有企业，巩固国有经济主体地位、发挥国有经济主导作用，才能更好地坚持和完善基本经济制度，不断巩固我们党执政的经济基础。党的十八届三中全会提出，发展国有资本、集体资本、非公有资本等交叉持股、相互融合的混合所有制经济，通过各种所有制资本取长补短、相互促进、共同发展，形成资本所有者和劳动利益共同体制经济，是基本经济制度的重要实现形式，也是深化国有企业改革的重要举措。要坚定不移深化国有企业改革，完善中国特色现代企业制度，不断增强国有经济竞争力、创新力、控制力、影响力、抗风险能力。稳妥有序发展混合所有制经济，使我国基本经济制度发挥出更大的优越性，充满生机活力。

大力支持民营经济发展是坚持和完善基本经济制度的重要内容。非公有制经济是社会主义经济的重要组成部分，提高非公有制经济发展水平，重点是提高民营经济发展水平。习近平同志强调："民营经济是我国经济制度的内在要素，民营企业和民营企业家是我们自己人。"这一论述充分表明民营经济作为中国特色社会主义性质经济形式的地位和作用。改革开放 40 多年来，我国民营经济从小到大、从弱到强，不断发展壮大，已经成为推动我国发展不可或缺的力量，为我国社会主义市场经济发展、农村富余劳动力转移、国际市场开拓等发挥了重要作用。概括起来说，民营经济具有"五六七八九"的特征，即贡献了 50% 以上的税收，60% 以上的国内生产总值，70% 以上的技术创新成果，80% 以上的城镇劳动就业，90% 以上的企业数量。进入新时代，民营经济只能壮大，不能弱化，不仅不能"离场"，而且要走向更加广阔的舞台。要完善构建亲清政商关系的政策体系，营造各种所有制主体依法平等使用资源要素、公开公平公正参与竞争、同等受到法律保护的市场环境。激发和保护企业家精神，支持民营企业改革发展，鼓励民营企业建立现代企业制度，引导提升民营企业经营管理水平，让民营经济创新源泉充分涌流、创造活力充分迸发。

加快完善产权保护制度建设是坚持和完善基本经济制度的必然要求。现代产权制度是社会主义市场经济体制的基石。完善的产权保护制度，不仅有利于维护公有财产权，巩固公有制经济的主体地位，而且有利于保护私有财产权，促进非公有制经济发展。党的十九大报告提出："经济体制改革必须以完善产权制度和要素市场化配置为重点，实现产权有效激励、要素自由流动、价格反应灵活、竞争公平有序、企业优胜劣汰。"完善产权制度要着力加强产权保护，完善公平竞争制度，建立知识产权侵权惩罚性赔偿制度，依法保护各种所有制经济产权和合法利益，依法保护各种所有制经济组织和自然人财产权。加强社会主义市场经济法治化建设，加大对各类产权的司法保护力度，依法严肃查处各类侵权行为，用法律保障各种所有制经济财产不受侵犯、共同发展。

8

完善和发展中国特色社会主义文化制度

　　文化是一个国家、一个民族的灵魂。所谓文化制度，是指国家制定和认可的规范有关文化活动、调整文化领域社会关系的法律、法规和政策的总和，也是一个国家通过宪法和法律调整以社会意识形态为核心的各种基本关系的规则、原则和政策的综合。中国特色社会主义文化制度，是马克思主义文化理论与中国具体实际相结合的产物，是我们党带领人民进行社会主义文化建设实践经验的集中体现，凝结了我们党对中国特色社会主义文化建设的规律性认识。

　　我们党历来高度重视文化制度建设。早在革命时期，毛泽东同志就明确指出："当作国民文化的方针来说，居于指导地位的是共产主义的思想。"新民主主义革命胜利以后，我国逐步确立了以马克思主义为指导的基本文化制度，并先后提出了"双百"方针和"二为"方向，由此促进社会主义文化日益繁荣发展，并赋予社会主义文化制度鲜明的科学性、开放性以及人民性等特征。党的十五大进一步指出："建设有中国特色社会主义的文化，就是以马克思主义为指导，以培育有理想、有道德、有文化、有纪律的公民为目标，发展面向现代化、面向世界、面向未来的，民族的科学的大众的社会主义文化。"以马克思主义为指导是中国特色社会主义文化制度最基本的规定，也是中国特色社会主义文化区别于西方资本主义文化的显著标志。改革开放以来，党和国家在坚持社会主义基本文化制度的前提下，对文化关系中的体制机制进行了调整，完善了文化领域的法律法规，从各个方面规范文化活动，并革除了制约文化发展的体制性障碍，文化产权制度、文化管理制度、文化传播制度、文化权益保障制度等具体制度进一步确立和完善。

"诗文随世运，无日不趋新。"党的十八大以来，以习近平同志为核心的党中央将文化建设纳入"五位一体"总体布局和"四个全面"战略布局进行谋划，明确中国特色社会主义文化与道路、理论、制度一起并列成为中国特色社会主义基本结构的重要构成，把文化自信上升到与道路自信、理论自信和制度自信并列的高度，将中国特色社会主义"三个自信"拓展为"四个自信"，文化在中国特色社会主义事业全局中的重要地位进一步凸显，推动文化建设取得新的重大成就。在完善制度方面，我们党高举改革旗帜，聚焦"四梁八柱"，锐意攻坚克难，推动文化体制改革在新的起点上纵深拓展，国有文艺院团体制改革取得进展，文化领域简政放权力度持续加大，公共文化服务运行机制不断创新，文化企事业单位分类改革扎实推进，文化市场管理水平不断提高，取得一批开拓性、引领性、标志性的制度创新成果，文化体制改革主体框架基本确立。党的十九大明确指出："要坚持中国特色社会主义文化发展道路，激发全民族文化创新创造活力，建设社会主义文化强国。"党的十九届四中全会提出："要坚持和完善繁荣发展社会主义先进文化的制度，巩固全体人民团结奋斗的共同思想基础。"这既是长期以来我们建设社会主义先进文化的经验总结，也是我们推动社会主义文化繁荣兴盛、建设社会主义文化强国的必然要求。必须以习近平新时代中国特色社会主义思想统领文化建设，紧紧围绕举旗帜、聚民心、育新人、展形象的使命任务，完善和发展中国特色社会主义文化制度，不断推动社会主义文化繁荣兴盛。

以马克思主义为指导是繁荣发展社会主义先进文化的根本制度，必须旗帜鲜明坚持。意识形态决定文化前进方向和发展道路。习近平同志指出："意识形态工作是党的一项极端重要的工作，是为国家立心、为民族立魂的工作。"历史表明，一个政权的瓦解往往是从思想领域开始的，思想防线一旦被攻破了，其他防线就很难守住。当前，我国意识形态领域正发生新的深刻变化。从内部环境看，改革开放 40 多年来，人们思想观念的丰富性、独立性、差异性显著增强，一些拜金主义、享乐主义、极端个人主义以及重个人轻集体、重物质轻精神等思想滋生蔓延；从外部环境看，西方敌对势力一直把我国的发展壮大视为对西方价值观和制度模式的威胁，想方设法对我国进行意识形态渗透和围堵。因此，必须全面加强党对意识形态工作的领导，牢牢把意识形态工作的领导权、管理权、话语权掌握在自己手中，任何时候都不能旁落；坚持马克思主义在意识形态领域的指导地位，不断巩固全党全国人民团结奋斗的共同思想基础；加强党的创新理论武装，推动习近平新时代中国特色社会主义思想深入人心；要完善坚持正确导向的舆论引导工作机制，提高新闻舆论传播力、引导力、影响力、公信力，确保中国特色社会主义文化制度不变色、不变质。尤其要在马克思主义指导下，不断弘扬中华优秀传统文化、推动传统文化实现创造性转化、创新性发展，切实继承红色革命文化、传承弥足宝贵的红色基因，着力发展社会主义先进文化，不忘本来、吸收外来、面向未来，把坚定文化自信转化为发展中国特色社会主义文化、坚持和完善中国特色社会主义文化制度的宝贵精神财富，为中华民族伟大复兴凝心聚力、培根铸魂。

"二为"即为人民服务和为社会主义服务，"双百"即百花齐放和百家争鸣，是坚持和完善中国特色社会主义文化制度的方向和方针，必须毫不动摇贯彻。习近平同志指出："要坚持为人民服务、为社会主义服务，坚持百花齐放、百家争鸣，坚持创造性转化、创新性发展，不断铸就中华文化新辉煌。"这为繁荣和发展中国特色社会主义文化及其制度指明了路径。从本质上讲，社会主义文化事业就是人民大众的文化事业。文化要满足人民的精神需求、反映人民的心声，就必须坚持为人民服务和为社会主义服务这个根本方向。这是党对文化战线提出的一项基本要求，也是决定文化事业前途命运的关键。这里面，为人民服务强调的是社会主义文化与人民群众之间的血肉联系，从为什么人服务的角度指出我国文化建设的方向；为社会主义服务强调的是社会主义文化与人民群众血肉联系的时代内容，划清了我国基本文化制度与西方资本主义文化的界限。"双百"方针，是毛泽东同志首先提出和倡导的。1956 年 4 月，毛泽东同志在中央政治局扩大会议上指出："艺术问题上的'百花齐放'，学术问题上的'百家争鸣'，应该成为我国发展科学、繁荣文学艺术的方针。""双百"方针的提出，适应了国家和人民需要迅速发展文化的迫切要求，体现了思想理论、科学技术、文学艺术等精神产品自身发展的客观规律，对促进文化事业发展繁荣和科技进步发挥了重大作用。进入中国特色社会主义新时代，面对推动社会主义文化大发展大繁荣的重大历史任务，我们必须更加自觉地贯彻"双百"方针、坚持"二为"方向，完善文化产品创作生产传播的引导激励机制，努力创造更多群众喜爱的文化艺术产品，既见"高原"，又见"高峰"，使社会主义文化的百花园更加绚丽多彩，更好满足人民对精神文化的需求。

以社会主义核心价值观引领文化建设、推动文化事业和文化产业高质量发展，是坚持和完善中国特色社会主义文化制度的基础，必须锲而不舍落实。习近平同志指出："核心价值观是文化软实力的灵魂、文化软实力建设的重点，是决定文化性质和方向的最深层次要素。"一个民族、一个国家，如果没有共同的核心价值观，就会魂无定所、行无依归。富强、民主、文明、和谐，自由、平等、公正、法治，爱国、敬业、诚信、友善的社会主义核心价值观，把涉及国家、社会、公民三个层面的价值要求融为一体，是社会主义先进文化的精髓，是当代中国精神的集中体现，凝结着全体人民共同的价值追求。要发挥社会主义核心价值观的引领作用，以培养担当民族复兴大任的时代新人为着眼点，提高人民思想觉悟、道德水准、文明素养，打造信念坚定、志存高远、团结拼搏、开拓进取的精神家园，确保文化始终沿着社会主义正确方向发展，始终成为中国特色社会主义文化制度的"定海神针"。发展文化事业和文化产业，是丰富人民精神文化生活、保证人民文化权益的必然要求。要坚持战略规划、协同推进、重点突破相结合，建立健全把社会效益放在首位、社会效益和经济效益相统一的文化创作生产体制机制，完善文化管理体制和文化生产经营机制，以文化体制改革的新气象、新作为推动社会主义文化繁荣兴盛。健全人民文化权益保障制度，完善城乡公共文化服务体系，深入实施文化惠民工程，健全支持开展群众性文化活动机制，努力提高基本公共文化服务的覆盖面和适用性。完善以高质量发展为导向的文化经济政策，健全现代文化产业体系和市场体系，培育新型文化业态，促进文化产业转型升级、提质增效，为坚持和完善中国特色社会主义文化制度提供内生动力。

9

健全充满活力的基层群众自治制度

基层群众自治制度是依照宪法和相关法律，由居民（村民）选举的成员组成居民（村民）委员会，实行自我管理、自我教育、自我服务、自我监督的制度，是社会主义民主法制化的一种表现形式，也是人民当家作主最直接、最有效、最广泛的途径。健全基层群众自治制度，是发展社会主义民主政治的一项基础内容，是人民群众直接参与管理国家和社会事务、直接行使民主权利的重要制度保证，也是健全共建共治共享社会治理体系的重要环节。

我国宪法规定："城市和农村按居民居住地区设立的居民委员会或者村民委员会是基层群众性自治组织。"党的十七大将"基层群众自治制度"确立为我国社会主义民主政治的基本政治制度，把加强和完善基层群众自治制度作为坚持中国特色社会主义政治发展道路的重要内容。这是我们党顺应时代潮流作出的重要决策，是我国社会主义政治制度的重要发展。党的十八大以来，以习近平同志为核心的党中央高度重视基层民主建设，将其作为社会主义民主政治建设的基础性工程，基层群众自治的制度体系、组织载体日益健全，内容不断丰富，在社会主义民主政治建设中发挥的作用越来越大。党的十九大提出"保证人民依法实行民主选举、民主协商、民主决策、民主管理、民主监督"，并要求"巩固基层政权，完善基层民主制度，保障人民知情权、参与权、表达权、监督权"，为健全基层群众自治制度提供了根本路径。我们必须看到，随着经济发展方式加快转变、社会结构加速转型、利益格局深刻调整、思想观念深刻变化，基层群众自治面临着新形势新要求。深入落实和不断健全基层群众自治制度，确保城乡居民享有更多更切实的民主权利，既是坚持和发展中国特色社会主义民主政治的应有之义，也是推进基层治理现代化的必然要求。

健全基层群众自治制度，要进一步强化党的领导。党的领导是基层群众自治坚持正确方向的根本保证。要充分发挥党总揽全局、协调各方的领导核心作用，把党的领导贯穿基层群众自治机制建设全过程、各方面，确保基层民主建设始终沿着中国特色社会主义政治发展道路前进。把全面从严治党向城乡社区延伸，以党内民主的原则和程序引领基层民主的原则和程序，以党内监督带动基层民主监督，营造良好政治氛围。强化基层党组织政治功能和服务功能，加强和完善对基层群众性自治组织的领导方式，明确政治方向，强化支持保障。切实发挥基层党组织领导核心作用，带领群众在自治实践中自觉贯彻落实党的路线方针政策，保证中央各项决策部署落实到"最后一公里"。

健全基层群众自治制度，要进一步提高基层民主法治化水平。推进基层治理法治化是全面推进依法治国的基础，也是实现基层群众自治的重要保证。要站在推进国家治理体系现代化的高度，建立健全保障人民群众在基层行使民主权利的法律法规，完善基层治理立法、行政、司法体制，建立健全与基层民主自治相适应的利益协调机制、权益保障机制、诉求表达机制等，探索实现村民、居民自治以及企业职工参与管理的有效形式，着力推进基层直接民主制度化、规范化、程序化。坚持有法可依、有法必依、执法必严、违法必究，坚决查处破坏基层群众自治的各种行为。加强法制宣传教育，增强广大基层干部群众的法治观念，不断提高他们依法依规管理社会事务、协调利益关系、开展群众工作、处理矛盾纠纷、维护社会稳定的本领。

健全基层群众自治制度，要进一步深化城乡社区协商。城乡社区协商作为基层群众自治的生动实践，是人民群众直接行使民主权利的有效途径。要落实好中共中央、国务院《关于加强城乡社区协商的意见》，进一步完善城乡社区协商相关法规政策，健全程序规则，确保基层协商民主有制可依、有规可守、有章可循、有序可遵。创新城乡社区协商形式，通过搭建基层协商平台，召开民主协商座谈会或民主议事会、民情恳谈会、民主听证会等，拓宽基层民主协商渠道。围绕涉及居民群众切身利益事项制定清单、确定议题，积极化解群众矛盾，切实做到"协商于民、协商为民"，使群众有更多获得感、幸福感。

健全基层群众自治制度，要进一步完善选举和监督机制。民主选举是民主治理的前提，民主监督是民主治理的保证。要规范村民委员会、居民委员会民主选举程序，做到法定环节一个不少、规定程序一步不漏，切实维护城乡居民群众的民主权利。健全完善候选人审核机制，依法依规明确资格条件，保障好流动人口选举权利，坚决将"村霸"和宗族恶势力等排除在外。进一步明确拉票贿选行为的界定标准和程序，坚决依法查处干扰破坏选举的违法违纪行为。全面推行党务公开、政务公开、村（居）务公开，积极开展村（居）干部勤廉双述、民主评议活动等，让群众看得懂、摸得清，切实加强对村（居）干部的监督管理。

健全基层群众自治制度，要进一步加强民德教育。法安天下，德润人心。中国社会历来重视价值伦理，有着浓厚的乡贤情结、宗族文化和礼仪传统，乡规民约在规范社会行为、调节社会关系、维护社会秩序时有着潜移默化的重要作用。党的十九届四中全会明确要求，要健全党组织领导的自治、法治、德治相结合的城乡基层治理体系。我们要把民德教育作为解决我国农村问题的重要一环，发挥好乡规民约的特殊作用，通过深入挖掘优秀传统文化中蕴含的思想观念、人文精神、道德规范，将其与社会主义核心价值观相协调、与社会主义法律规范相衔接、与精神文明建设相促进，大力培育文明乡风、良好家风、淳朴民风，弘扬主旋律和社会正气，厚植农村基层自治的社会基础和民意基础。

⑩

健全统筹城乡的民生保障制度

　　民生保障制度是持续增进人民福祉、促进人的全面发展的重要制度安排，也是维护社会公平正义、促进社会和谐稳定的重要保证。我们党历来高度重视制度在解决民生问题中的根本性、基础性作用，从早期在苏区实行八小时工作制、带薪休假制度到中华人民共和国成立后的五保供养制度和合作医疗制度等，再到改革开放以来形成的涵盖教育、医疗、就业、养老、社保等一整套覆盖城乡的民生保障制度，我们党带领人民走出了一条中国特色的民生制度之路，有力推动了民生事业健康可持续发展。

　　党的十八大以来，以习近平同志为核心的党中央把保障和改善民生摆在更加突出的位置，将以人民为中心的发展思想贯穿民生制度建设全过程，着力补齐民生制度短板，确保民生制度朝着更加公平的方向发展。党的十九届四中全会站在推进国家治理体系现代化的战略高度，进一步提出要坚持和完善统筹城乡的民生保障制度，不断健全幼有所育、学有所教、劳有所得、病有所医、老有所养、住有所居、弱有所扶等方面国家基本公共服务制度体系，注重加强普惠性、基础性、兜底性民生建设，创新公共服务提供方式，满足人民日益增长的美好生活需要，这为我们坚持和完善统筹城乡的民生保障制度指明了前进方向、提供了根本遵循。

　　健全幼有所育、学有所教的公共服务制度。习近平同志强调，教育公平是社会公平的重要基础，要大力促进教育公平，让亿万孩子同在蓝天下共享优质教育、通过知识改变命运。这就要求我们必须全面贯彻党的教育方针，聚焦办好人民满意的教育，深化教育领域综合改革，建立起广覆盖、保基本、有质量的教育公共服务体系，构建服务全民终身学习的教育体系，推动形成人人皆学、处处能学、时时可学的学习型社会，让人民群众共享教育改革发展成果。要建立政府主导、社会参与、公办民办并举的办园体制，构建覆盖城乡、布局合理的学前教育公共服务体系和家庭教育指导服务体系，有效破解"入园难""入园贵"的问题；建立以城带乡、整体推进、城乡一体、均衡发展的义务教育发展机制，健全特殊教育、普及高中阶段教育保障机制，保障所有适龄青少年平等接受教育；完善教育现代化投入支撑体制，继续实施和完善国家奖学金助学金制度和国家助学贷款政策，建立完善覆盖城乡的贫困学生资助体系，决不让一个孩子因为家庭困难而失学；通过教育专项倾斜、乡村教师支持计划、东中西部的教育协作等制度性安排，将教育资源更多投向农村地区、边远贫困地区、民族地区，解决城乡、区域教育发展不平衡的问题，以教育公平促进社会公平正义，不断提升人民群众的获得感。

　　健全劳有所得的公共服务制度。习近平同志强调，就业是最大的民生。在这方面，要坚持就业是民生之本，坚持就业优先战略，推进就业体制改革创新，健全有利于更充分更高质量就业的促进机制，最大限度地创造就业岗位、提高就业能力、实现就业目标，促进广大劳动者实现体面劳动、全面发展；坚持按劳分配原则，完善按要素分配的体制机制，健全正常增长机制、支付保障机制和最低工资保障机制，落实好减税降费政策，推动经济增长的同时实现居民收入同步增长、在劳动生产率提高的同时实现劳动报酬同步提高；完善政府、工会、企业共同参与的协商协调机制，努力形成企业和职工利益共享机制，建立和谐劳动关系；完善就业援助制度，健全覆盖城乡的公共就业服务体系和终身职业技能培训机制，破除妨碍劳动力、人才社会性流动的体制机制弊端，营造公平就业创业制度环境。

　　健全病有所医的公共服务制度。党的十九届四中全会提出强化提高人民健康水平的制度保障。坚持关注生命全周期、健康全过程，完善国民健康政策，让广大人民享有公平可及、系统连续的健康服务。要深化医药卫生体制改革，加快建立健全覆盖城乡的基本医疗卫生制度，让广大人民能够看得了病、看得起病；健全优质高效的城乡医疗卫生服务体系，加强基层卫生人才队伍建设，加快建立健全分级诊疗体系和多种形式的医疗联合体新机制，推动医疗卫生资源下沉和重心下移；完善统一的城乡居民基本医疗保险、大病保险制度，健全医保关系转移接续和医疗费用异地就医结算制度，着力解决群众看病难、负担重、报销难的问题。

　　健全住有所居的公共服务制度。"安得广厦千万间，大庇天下寒士俱欢颜。"居住权是人的基本生存权利之一，"安居梦"是千百年来中国人民孜孜以求的梦想。住房保障制度作为保障人民住有所居的一项制度性安排，是民生保障制度的重要组成部分。党的十九届四中全会提出加快建立多主体供给、多渠道保障、租购并举的住房制度，为完善中国特色住房保障制度指明了方向。我们要坚持"房子是用来住的，不是用来炒的"定位，完善房地产市场调控机制，大力培育新型住房供给主体，健全引导和鼓励社会资源参与住房供给机制，构建多层次多主体住房供应体系；深化城镇住房制度改革，进一步完善土地、财税、金融等政策体系，全面拓宽住房保障范围和保障渠道，健全廉租房、公租房、经济适用房、棚改安置住房、共有产权住房等多元化住房保障体系，满足城镇困难群众的基本住房需求；加快推进住房租赁市场立法，健全住房租赁市场制度体系，以租售同权促进租购并举制度建立，多渠道、多方式解决人民基本住房问题，努力实现让全体人民住有所居。

　　健全老有所养、弱有所扶的公共服务制度。"老吾老以及人之老，幼吾幼以及人之幼"、扶弱济困、雪中送炭，是中华民族代代相传的美德。要切实贯彻党的十九届四中全会精神，进一步完善覆盖全民的社会保障体系，兜底线、织密网、建机制，建立完善公平、统一、规范的城乡基本养老保险制度，健全以居家养老为基础、社区为依托、机构为补充的多层次养老服务体系；加快完善城市低保、农村五保户供养、特困户救助、灾民救助等保民生、促公平的托底性、基础性社会救助制度，积极推进医疗、教育、住房、司法等救助制度之间的衔接配套，逐步提高救助水平，努力满足困难群体的基本生活需求；健全以扶老、助残、救孤、济困为重点的社会福利和慈善事业制度，切实提高孤老残幼等特殊群体的保障水平，建立解决相对贫困的扶弱帮困长效机制，构建多元化的社会救助主体，形成政府主导、社会参与、上下联动的制度合力。

11

完善和发展中国特色社会主义
生态文明制度

中国特色社会主义生态文明制度，指的是在建设中国特色社会主义过程中形成的关于处理经济发展与人口、资源和环境关系的一系列制度安排，它贯穿于经济建设、政治建设、文化建设和社会建设之中，是坚持节约资源和保护环境基本国策、落实"绿水青山就是金山银山"理念、推动中国特色社会主义永续发展的重要制度保障。

建设生态文明，关系人民福祉，关乎民族未来。良好生态环境是最公平的公共产品，是最普惠的民生福祉。党的十六大报告首次提出要使整个社会走上生产发展、生活富裕、生态良好的文明发展道路。党的十七大报告提出把"建设生态文明"作为实现全面建设小康社会奋斗目标的新要求之一。党的十八大以来，以习近平同志为核心的党中央，着眼于长远、着眼于全局，把生态文明建设作为中华民族永续发展的根本大计，纳入中国特色社会主义"五位一体"总体布局，融入经济建设、政治建设、文化建设、社会建设各方面、全过程，并将"生态文明建设""绿色发展""美丽中国"先后写入党章和宪法，上升为全党主张、国家意志和全民行动，开展一系列根本性、开创性、长远性工作，生态文明理念日益深入人心，污染治理力度之大、制度出台频度之密、监管执法尺度之严、环境质量改善速度之快前所未有，推动生态文明建设从认识到实践发生了历史性、全局性变化。

建设生态文明，重在建章立制。习近平同志指出："只有实行最严格的制度、最严密的法治，才能为生态文明建设提供可靠保障。"我国生态文明建设存在的一些突出问题，归根结底都与体制不完善、机制不健全、法治不完备有关。党的十八大以来，在习近平生态文明思想指引下，党中央以解决制约生态环境保护的体制机制问题为导向，以强化党委、政府及其有关部门生态环境责任和企业环保守法责任为主线，以改革整合、系统提升生态环境质量改善效果为目标，实行最严格的生态环境保护制度，建立资源高效利用制度，健全生态保护和修复制度，严明生态环境保护责任制，推动构建产权清晰、多元参与、激励约束并重、系统完整的生态文明制度体系，建立有效约束开发行为和促进绿色循环低碳发展的生态文明法律体系。特别是党的十九届四中全会将十八大以来生态文明建设经验做法、体制机制进一步归纳、总结，上升为制度体系，并作出系统、全面部署，生态文明制度建设开辟了新境界。目前，覆盖全国的主体功能区制度和资源环境管理制度已经建立，生态文明制度"四梁八柱"基本形成。新的时代条件下，我们要进一步充分认识生态文明制度建设在全面深化改革总体部署中的地位，进一步坚持和完善中国特色社会主义生态文明制度，坚定走生产发展、生活富裕、生态良好的文明发展道路，建设美丽中国。

完善和发展这一制度，必须坚持以习近平生态文明思想为指导。习近平生态文明思想充分吸收人类文明发展的宝贵经验，系统总结党的十八大以来生态文明建设的伟大实践，深刻回答了为什么建设生态文明、建设什么样的生态文明、怎样建设生态文明的重大理论和实践问题，进一步丰富和发展了马克思主义关于人和自然关系的思想，是建设美丽中国、实现中华民族永续发展的根本遵循，对新时代加强生态环境保护，推动我国生态文明建设迈入新境界，具有重大指导意义。要认真领会习近平生态文明思想的精髓要义，深刻把握"生态兴则文明兴"的深邃历史观、"人与自然和谐共生"的科学自然观、"绿水青山就是金山银山"的绿色发展观、"良好生态环境是最普惠的民生福祉"的基本民生观、"山水林田湖草是生命共同体"的整体系统观、"实行最严格生态环境保护制度"的严密法治观、"共同建设美丽中国"的全民行动观、"共谋全球生态文明建设之路"的共赢全球观，以此武装头脑、指导实践、推动工作。

完善和发展这一制度，必须以完善生态文明建设法律法规体系为前提。加强生态层面的法律制度体系建设是全面依法治国方略在生态领域中有序推进的重要保证，也是新时代坚持和完善中国特色社会主义生态文明制度的必然要求。要进一步加强顶层设计，以山水林田湖草生命共同体理念为统领，科学编制立法规划，加快建立健全国土空间规划和用途统筹协调管控制度，划定并严守生态保护红线、环境质量底线、资源利用上线三条红线；进一步健全归属清晰、权责相当、监管高效的自然资源资产产权制度，明确自然资源产权归属，解决自然资源"归属谁""由谁管""谁能用"的问题，用法治编织好中国特色社会主义生态文明制度"笼子"；进一步提高违法违规成本，加大执法力度，对破坏生态环境的行为严惩重罚，对造成严重后果的人依法追究责任，让法律真正成为保障人民生态权利、推进生态文明建设的利器和屏障。

完善和发展这一制度，必须以夯实生态文明建设的社会力量为基础。生态文明建设是一项系统工程，涉及方方面面，关系到全社会各个群体，需要各界群策群力、共同支持、形成合力。要健全党委领导、政府主导、社会力量参与的协同共治机制。党是推进生态治理体系和治理能力现代化的领导力量，也是坚持和完善生态文明制度的领导力量，发挥着思想引领、组织领导和战斗堡垒的作用；政府应当在生态建设中发挥主导作用，切实承担起保护生态、防治污染的重任，既不能过多干预自然资源的合理配置，也不能放任污染环境和破坏生态的行为发生而不作为；作为生态文明建设的重要主体，社会组织、企业和公民个人也应当主动承担起社会责任，积极投身打好污染防治攻坚战，积极参与环境保护和生态维护工作，充分发挥协同共治的积极作用，共同为建设天更蓝、水更绿、空气更新鲜的美丽家园贡献力量。

完善和发展这一制度，必须以推进绿色发展为关键。绿色发展是高质量发展的基本内涵，也是解决突出环境问题的根本之策。要贯彻节约资源和保护环境的基本国策，坚持节约优先、保护优先、自然恢复为主的方针，完善绿色生产的法律制度和政策导向，实现产业布局的生态优化。坚守尊重自然、顺应自然、保护自然，坚持贯彻新发展理念，加快产业结构调整和优化转型升级，构建科技含量高、资源消耗低、环境污染小的绿色低碳循环产业体系，全面建立资源高效利用制度，真正从源头解决生态保护和环境治理问题。积极引导居民消费模式的绿色转型，倡导居民绿色生活，普遍实行垃圾分类和资源化利用制度，树立崇尚勤俭节约、减少损失浪费的价值理念，提倡节约资源、保护环境，让绿色发展观和绿色低碳生活方式深入人心，渗透到社会的方方面面。

完善和发展这一制度，必须以加快推进生态文明体制改革为动力。生态文明体制改革是全面深化改革的重要领域，是加快建立系统完整的生态文明制度体系的必然要求。党的十九大报告提出了"加快生态文明体制改革，建设美丽中国"的新战略。要按照生态文明体制改革总体要求，加快健全产权清晰、多元参与、激励约束并重、系统完整的生态文明制度体系；健全源头预防、过程控制、损害赔偿、责任追究的生态环境保护体系，从根本上破除生态文明领域的制度瓶颈；加快制度改革创新，建立完善生态保护修复制度、市场化多元化生态补偿制度、行之有效的环境税收制度、多元绿色环保投入机制等，不断增强制度的系统性、整体性、协同性，推动新时代生态文明建设走上制度化、规范化、常态化轨道。

完善和发展这一制度，必须以强化生态保护监督问责机制为保障。制度的生命力在于执行，要强化制度的执行力，就必须加强监督，切实把制度优势转化为治理效能。要顺应新时代生态文明建设的新要求，完善生态治理监督机制，构建从中央到地方、从党内到党外全面的生态环境监督体系，保障人民群众的环境知情权、参与权、表达权和监督权真正落实落细。遵循"谁经营谁负责""谁使用谁保护""谁污染谁治理"的原则，进一步完善生态治理问责机制、生态环境监测和评价制度、生态环境公益诉讼制度、环境治理和生态修复制度，落实生态环境损害赔偿制度、编制自然资源资产负债表，强化对领导干部实行自然资源资产离任审计、生态环境损害责任终身追究制度。推动中央环境保护督察制度向纵深发展，压实各级党委和政府的生态职能，明确主要领导是本行政区域生态环境保护第一责任人，将资源消耗、环境损害、生态效益等作为经济社会发展评价体系的重要指标，切实发挥好考核评价"指挥棒"的作用。

12

健全人民群众来信来访制度

人民群众来信来访制度，即信访制度，是指公民、法人或者其他组织采用书信、电子邮件、电话、走访等形式，向党和国家机关反映情况，提出建议、意见或者投诉请求，由有关机关和部门依法处理的活动。它是我们党发扬人民民主、接受群众监督、维护群众权益、预防和化解社会矛盾的重要渠道，也是社会治理体系的重要组成部分和巩固执政基础的重要政治制度。

1951年5月，毛泽东同志针对中央办公厅关于群众来信的报告，批示"必须重视人民的通信，要给人民来信以恰当的处理，满足群众的正当要求，要把这件事看成是共产党和人民政府加强和人民联系的一种方法"，明确了信访作为贯彻落实党的群众路线重要措施的地位，并提出了设置专门信访机构的构想，成为信访工作制度化的起点。同年，政务院发布《关于处理人民来信和接见人民工作的决定》，这是我国第一部规范信访活动和信访工作的行政法规，标志着人民群众来信来访制度的正式建立。

重视群众来信来访是中国共产党的优良传统。毛泽东、邓小平、江泽民、胡锦涛等党和国家领导人亲力亲为做信访工作，直接阅批、回复群众来信，并指示相关部门切实解决群众反映的问题。习近平同志历来高度重视信访工作，将人民群众来信来访作为了解群众期盼、总结为政得失的一面"镜子"。在河北正定，他在大街上摆桌子听取群众意见建议，通过发放调查问卷、民意测验表等纳民言、聚民智；在福建，他强调"信访工作的首义，在于时刻把自己看成人民中的一员，把心贴近人民"，创造了领导干部"信访接待下基层、现场办公下基层、调查研究下基层、政策宣传下基层"的"四下基层"工作模式，建立完善了领导干部下访接待群众制度，在省信访局设立全国第一个网上"省长信箱"；在浙江，他强调"变群众上访为领导主动下访"，率先在全国实行省委书记、省长与地市委书记、市长签"信访工作责任状"制度，推动党政领导层层签订责任书，压实信访工作责任，并亲自到问题多、矛盾集中、群众意见较大的县市接待来访群众，创造了引领全国信访工作的"浙江经验"；在上海，他建立了领导带头、层层落实的信访工作目标责任考核机制。党的十八大以来，习近平同志对信访工作作出一系列重要指示，要求各级党委、政府和领导干部坚持把信访工作作为了解民情、集中民智、维护民利、凝聚民心的一项重要工作，千方百计为群众排忧解难。党的十八大和十九大对改革信访工作制度、把信访纳入法治化轨道等作出安排部署；2014 年 2 月，中央办公厅、国务院办公厅出台《关于创新群众工作方法解决信访突出问题的意见》，吹响了信访工作制度改革的号角。近年来，各地区各部门坚持问题导向，坚持改革创新，有效解决和化解了一大批事关群众切身利益、影响社会和谐稳定的信访问题，推动信访形势持续平稳向好，呈现出信访总量稳中有降、信访秩序明显好转、信访工作公信力不断提升的良好态势。

　　实践充分证明，人民群众来信来访制度对畅通群众诉求表达、收集社情民意、化解矛盾纠纷、维护社会和谐稳定具有不可替代的积极作用。中国特色社会主义进入新时代，我国社会主要矛盾发生重大变化，群众权利意识、自我意识、法治意识日益提升，群众信访诉求更加多元化、多层次、多样化，信访工作面临新情况新问题新挑战。坚持和完善新时代的信访工作制度，必须以习近平新时代中国特色社会主义思想为指导，以习近平同志关于人民信访工作的重要论述为遵循，以创新社会治理为动力，着力打造阳光信访、责任信访、法治信访，不断提升信访工作专业化、法治化、信息化水平。

坚持把维护群众合法权益作为出发点和落脚点。习近平同志指出："信访部门是党和政府联系群众的桥梁，是沟通民情的窗口……信访工作的首义，在于时刻把自己看成人民中的一员，把心贴近人民。"这就要求我们牢固树立以人民为中心的发展思想，坚持用群众工作统领信访工作，把群众路线和群众工作方法贯穿信访工作全过程，积极探索新形势下密切联系群众的有效形式，动员社会力量参与解决信访问题。党员干部要经常深入实际、深入基层，广泛开展调查研究，变群众"上访"为领导"下访"，从群众的言行中取得第一手材料，把党和政府的温暖传递到千家万户。坚持把群众满意不满意作为检验信访工作的第一标准，倾听群众呼声，真切了解群众在想什么、盼什么、要求什么、反对什么，按照"及时"和"就地"的要求，办好听民情、化民忧、解民难的每一件事，做到"件件有着落，事事有回音"，切实维护群众合法权益。

切实提高源头治理信访问题的能力和水平。习近平同志十分重视发挥信访工作的群众工作优势，注重从群众信访中发现问题，从源头上解决信访问题。早在1988年，时任福建宁德地委书记的习近平同志就提出，在新形势下不能满足于"被动式的信访"，应该探索一条新路子，把信访工作做到基层，第一时间解决问题，主动把矛盾问题化解在萌芽状态。要把源头和基层作为信访工作的着力点和工作重心，加强风险研判，强化源头治理，畅通群众诉求表达、利益协调、权益保障通道，健全社会心理服务体系和危机干预机制，完善社会矛盾纠纷多元预防调处化解综合机制，对一些倾向性、苗头性的问题早发现、早介入、早处理。坚持和发展好"枫桥经验"，加强基层党组织、城乡社区群众自治组织建设，发挥好基层解决信访问题的责任主体作用。注重综合施策，完善人民调解、行政调解、司法调解联动工作体系，切实解决群众反映的合理诉求，实现"案结事了""息诉罢访"。

坚持用法治思维推进信访工作制度改革。习近平同志明确指出："法律是治国之重器，法治是国家治理体系和治理能力现代化的重要依托。"并强调，改革信访工作制度等方面的难题，"都需要密织法律之网、强化法治之力"。我们要坚持用法治思维明晰信访工作职责，用法治手段解决矛盾和问题，用法治方式引导群众表达诉求，将信访纳入法治化轨道，推动形成办事依法、遇事找法、解决问题用法、化解矛盾靠法的社会共识。注重依法决策，进一步健全决策机制和程序，完善社会稳定风险评估机制，涉及群众切实利益的重大决策出台前必须听取群众意见。进一步完善诉讼与信访分离制度等信访工作制度，健全完善信访法律制度，研究细化信访条例配套措施，加快推进信访立法，坚决防止发生信访工作消解司法、上访人以访压法等问题。

着力构建和完善信访工作大格局。习近平同志强调，在信访工作格局构建上，党政主要领导要负总责、亲自抓，分管领导要直接负责具体抓，其他领导要主动配合、密切协作，努力形成党委、政府统一协调、齐抓共管的工作格局。要切实加强党对信访工作的领导，统筹各方资源力量，健全信访工作责任体系，建立科学合理的考核体系，织密织牢横向到部门、纵向到基层的信访工作责任制网络。推动信访工作责任制落实，进一步细化属地责任、部门责任、领导责任，把工作细分到末端、责任落实到个人，以信访责任压实推动信访工作落实，真正形成工作合力。

13

健全党员干部直接联系群众制度

　　党员干部直接联系群众制度，是指党员干部直接而非间接地与群众接触，直接进行信息和情感的互动交流，从而了解群众的需求，反映群众的愿望，解决群众的困难，维护群众的利益，然后形成措施并固化提升的制度。

　　习近平同志强调："保持党同人民群众的血肉联系是一个永恒课题，作风问题具有反复性和顽固性，必须经常抓、长期抓，特别是要建立健全促进党员、干部坚持为民务实清廉的长效机制。"密切联系群众，要靠自觉，更要靠制度。制度到位，血肉联系才能长久。党的十八大首次提出，始终保持党同人民群众的血肉联系，要完善党员干部直接联系群众制度。党的十八届三中全会在部署"健全改进作风常态化制度"中进一步提出"完善直接联系和服务群众制度"。实践证明，党员干部直接联系群众制度是我们党忠实践行根本宗旨和群众路线、始终保持党同人民群众血肉联系的制度保障，是改进党员干部作风的必然要求，也是实现中华民族伟大复兴中国梦的重要途径，必须坚持和完善好，真正让这一制度管得住、用得好、有实效。

　　健全党员干部教育培训制度，提高新形势下党员干部联系群众、服务群众的意识和本领。思想是行动的先导，坚持和完善党员干部直接联系人民群众的制度，必须首先促使广大党员干部在学习和实践中不断提升综合素养。加强对广大党员干部的群众观、宗旨观、党的优良传统和作风教育，切实解决好"为了谁、依靠谁、我是谁"这个根本问题，引导党员干部牢固树立立党为公、执政为民的服务理念，增强联系服务群众工作的实际本领；落实选派干部到基层挂职任职制度，选派党员干部特别是后备干部、年轻干部和缺乏基层工作经历的干部，到县、乡（镇）尤其是条件艰苦、环境复杂的基层单位、与群众接触比较直接的岗位以及村、社区、企业、社会组织等基层一线挂职任职，做到学习工作在基层、生活交友在基层、锻炼成长在基层。

健全党员干部直接联系群众的工作服务制度，增强联系群众实效性和针对性。坚持和完善党员干部直接联系群众的制度，要从健全联系和服务群众的配套制度入手，实现联系服务群众的常态化与长效化。要建立完善信息收集机制，建立健全调查研究、民主恳谈征集意见、重大事项民主听证、重要决策调研论证等机制，建立畅通有序的诉求表达机制，搭建多种形式的沟通平台，及时了解和掌握人民群众最关心、最直接、最现实的利益问题；创新党员直接联系群众方式方法，根据不同的联系服务对象和不同的目标任务，采取专题调研、座谈会、明访、暗访、遍走、遍访、走访慰问、跟踪回访、现场办公，建立领导干部基层联系点和信访接待日等，同时，建立服务群众台账制度、首问负责制度和限时办结制度等配套工作制度，使党员干部尽可能零距离接触群众，尽可能近距离为群众办事，尽可能把人民群众的问题和矛盾消除在萌芽状态；建立健全党员干部志愿服务制度、结对帮扶困难群众制度等矛盾化解相关制度，促使广大党员干部设身处地帮助群众解决实际困难，长期落实联系困难村、困难企业、困难居民的义务帮扶，采取建立基金、社会捐助、政策倾斜、结对帮扶等形式，解决社会弱势群体的生活困难，以制度的权威确保帮扶群众工作长期化、规范化。

健全党员干部直接联系群众的监督保障机制，确保联系服务群众落到实处。监督约束机制是党员干部联系群众、服务群众长效机制的保障。要强化对党员干部直接联系群众的监督，将党员干部直接联系群众的情况纳入政绩考核，考查其通过基层调研发现、解决了哪些问题，考核的结果作为党员干部选拔、任用的重要依据。建立健全党员干部联系群众的奖惩制度，严格按照"属地管理、分级负责，谁主管、谁负责"的原则，坚持实事求是，明确责任，各级党组织要经常组织群众对党员干部联系群众、服务群众的工作进行民主评议和民主测评，把对党员干部的评议权、监督权交给广大人民群众，将群众的反馈情况及结果作为党员干部奖惩提升的重要参考，为党员干部积极主动有效地与群众增强联系注入动力活力。

总之，我们要不断健全党员干部直接联系群众制度，以制度的刚性约束，从根本上解决有的党员干部长期脱离群众、感情上疏远群众、眼里没有群众、心里瞧不起群众、工作中不关心群众甚至损害群众利益的问题，确保党员干部保持与人民群众经常性、长期性的直接联系，确保全心全意为人民服务根本宗旨真正落地生根、开花结果。

第三章

感悟为民金句

　　心中始终念着群众、想着造福人民，时刻牵挂着最基层百姓、惦记着最困难群众，是习近平同志从政 40 多年来一以贯之的情怀，是他治国理政最高的"格"和最大的"局"。党的十八大以来，习近平同志在担任党的总书记之后，在推进中国特色社会主义伟大事业和党的建设新的伟大工程的实践中，发表了一系列重要讲话，作出了一系列重要批示指示。这些重要讲话和批示指示，是其坚定的人民立场、真挚的为民情怀的集中体现。而当中的一些为民爱民亲民的"金句"，则是最为精彩、最有含金量的妙句，是最能奠定基调、揭示主旨、呈现思想、升华意境的关键词句。通过梳理这些金句，感悟这些金句的要义，我们能够真切地理解和把握习近平同志重要讲话的思想脉络、深刻内涵，真切地感受和领会他为民重民爱民亲民的领袖风范和强大的人格力量。广大党员干部应当自觉向习近平同志看齐，坚持把不忘初心、不负人民当作"心学"来修，坚定以人民为中心、为人民谋幸福的政治立场，使自己的思想和行动始终与时代共进、与中央合拍、与民心共鸣。

1

人民对美好生活的向往，就是我们的 奋斗目标

2012 年 11 月 15 日，习近平同志在十八届中央政治局常委同中外记者见面时指出："人民对美好生活的向往，就是我们的奋斗目标。"这是一位伟大领袖对人民的深情表白和庄严承诺。

这一表白和承诺，彰显了共产党人为人民谋福祉的民生情怀。中国共产党是中国人民的政党，带领人民创造幸福生活，是我们党始终不渝的奋斗目标。我们党自成立之初，就立下"为天下劳苦大众谋幸福"的庄严誓言。近一百年来，党始终饱含人民情怀、立足人民立场，领导革命、建设和改革所做的每一件事情，都是为中国人民谋幸福，让全体人民过上美好生活。毛泽东同志发出"真心实意地为群众谋利益""为人民服务"的伟大号召。在邓小平同志的设计中，小康是一个很朴实的理想，就是国家富足、人民生活富足幸福美好。他认为："贫穷不是社会主义，社会主义要消灭贫穷。不发展生产力，不提高人民的生活水平，不能说是符合社会主义要求的。"习近平同志指出："让人民过上好日子是我们共产党人的初心、宗旨。""要通过抓发展、惠民生，让群众有事干、有钱挣、有盼头。"党的十八大以来，我们党深入贯彻以人民为中心的发展思想，围绕人民群众关

心什么、期盼什么，发展就抓住什么、改革就推进什么，与民便利、为民让利，不断把改革发展红利转化为民生福利，一大批惠民举措落地实施，脱贫攻坚战取得决定性成效，教育事业全面发展，就业状况持续改善，城乡居民收入大幅增长，社会保障体系基本建立，社会治理体系更加完善，人民物质文化生活水平不断提高，获得感幸福感安全感不断增强。

这一表白和承诺，彰显了共产党人为人民勇于担当的使命意识。曾国藩曾说："人生有可为之事，也有不可为之事。可为之事，当尽力为之，此谓尽性；不可为之事，当尽心从之，此谓知命。"担者，承担；当者，当仁不让。担当，既是一种能力，更是一种态度。担当作为，是共产党人鲜明的政治品格，也是共产党人从政应尽的本分。人民对美好生活的向往，是共产党员可为之事、必为之事，当尽力而为、尽心而为。这是共产党人的奋斗目标、价值追求，是共产党人的责任所在、使命所在。从嘉兴南湖的红船起航到井冈山的星星之火可以燎原，从南昌起义的枪声到二万五千里长征，从中国共产党人登上天安门城楼振臂高呼"中国人民站起来了"到坚持中国特色社会主义道路促使中国人民富起来，再到新时代中国特色社会主义带领国家和民族强起来，一部中国共产党的历史，实质上就是我们党始终坚持以天下为己任、对人民高度负责担当的历史。为了满足人民对美好生活的向往，一代又一代共产党人义无反顾、无私无畏、勇于担当，带领中国各族人民战胜一切内忧外患，跨过一道又一道沟坎，赢得一个又一个辉煌胜利。

这一表白和承诺，彰显了共产党人为人民而奋斗的拼搏精神。"奋斗"二字，指尽最大的努力去实现既定目标。奋斗，就意味着拼搏进取，意味着自强不息，也意味着流血牺牲。在近一百年的奋斗历程中，为了让人民过上好日子，中国共产党人赴汤蹈火、前仆后继，不畏艰难、勇于斗争，历尽千辛万苦，作出巨大牺牲。据民政部门统计，在革命战争年代，从

1921 年 7 月 1 日建党开始到 1949 年 10 月 1 日中华人民共和国成立，28 年间一万多个日子里，可以查到姓名的牺牲党员就有 370 多万名，平均每天有 370 名共产党人献出宝贵生命。"为有牺牲多壮志，敢教日月换新天。" 中国特色社会主义进入新时代，我们有了更好的为人民服务的条件，但要实现人民过上更加美好生活的目标，绝不是轻轻松松、敲锣打鼓就能做到的，需要付出更加艰巨、更为艰苦的努力，必须以"万折必东不回头"的坚韧和"赴百仞之谷而不惧"的勇毅，大步"涉险滩"，啃下"硬骨头"，把改革发展成果更多更好地体现在增进人民福祉上。

②

始终把人民放在心中最高的位置

2013 年 3 月 17 日，习近平同志在第十二届全国人民代表大会第一次会议上指出："全体共产党员特别是党的领导干部，要坚定理想信念，始终把人民放在心中最高的位置。"肺腑言语，铿锵嘱托，这一金句宣示的是人民政党根本的政治立场，表露出我们党不变的人民情怀，也深刻体现了共产党人最鲜亮的政治底色。

把人民放在心中最高位置，是共产党人的核心价值追求。人民地位至上、人民利益至上是马克思主义群众观在党的核心价值追求中的根本体现，也是我们党区别于中国历史上其他一切政党的鲜明标志。作为一个以马克思主义为指导的无产阶级政党，我们党从成立之日起，就把人民地位至上、人民利益至上作为自己的核心价值追求，作为指引前进道路的灯塔。早在延安时期，毛泽东同志就指出："我们的共产党和共产党所领导的八路军、新四军，是革命的队伍。我们这个队伍完全是为着解放人民的，是彻底地为人民的利益工作的。"新中国成立 70 多年来的发展进步，从亿万人民翻身当家作主，到发展生产、告别饥饿、跨过温饱，再到百尺竿头更进一步迈向全面小康，人民地位至上、人民利益至上是最为鲜明的价值取向。党员干部要始终牢记人民对美好生活的向往就是我们的奋斗目标，坚持把人民放在心中最高位置，坚持"人民利益无小事"，从人民群众关心的事情做起，从让人民群众满意的事情做起，带领人民不断创造美好生活。

把人民放在心中最高位置，是共产党人的鲜明精神标识。时刻牢记自己是人民的公仆，俯首甘为人民的"孺子牛"，这是我们党的政治属性所决定的，也是每一个共产党员的精神标识。什么是公仆，顾名思义就是为公众服务的人，就是人民的仆人。1944年12月，毛泽东同志在《一九四五年的任务》一文中说："我们一切工作干部，不论职位高低，都是人民的勤务员，我们所做的一切，都是为人民服务。"这一论述深刻阐释了公仆的内涵，揭示了共产党人的本质属性。"生也沙丘，死也沙丘，父老生死系。"这是习近平同志在《念奴娇·追思焦裕禄》中的诗句，生动展现了共产党人为民爱民的深厚公仆情怀。他在兰考调研时，要求广大党员干部"要像焦裕禄一样有一颗为人民服务的心"。正是一代代共产党人牢固树立公仆意识，把党和人民利益放在首位，革命时代冲锋在前、建设时代吃苦在前、改革时代奋斗在前，为成全大义夙夜在公、奉献自我，才推动"中国号"巨轮劈波斩浪，不断抵达新的彼岸。必须看到，改革开放以来，我国党员干部的主体逐渐由"工农干部""革命干部"转变为"知识型干部""精英型干部"，后者有许多优势和特长，但容易出现清高、自以为是、对群众感情不深、群众工作能力不强等缺点，甚至有些党员干部宗旨意识淡化，在各种诱惑面前败下阵来，搞权钱交易、贪污腐败，成为人民的蛀虫。凡此种种，一个重要原因就是没有摆正自己的位置，忘记了自己的公仆角色。党员干部只有在思想源头上弄清楚"我是谁"，认识到自己掌握的权力来自人民，只能用来服务人民，进而破除特权思想，放下"官"架子，以公仆身份对待人民群众，才能当好人民的勤务员，始终与人民心心相印、与人民同甘共苦、与人民团结奋斗。

始终把人民放在心中最高位置，是共产党人不断前行的不竭动力。江河有源，大树有根。人民群众是我们党的执政之基、力量之源。没有一种力量，比从群众中汲取更强大；没有一种执政资源，比赢得民意更珍贵持久。回顾中华五千年历史，波澜壮阔的中华民族发展史是中国人民书写的，博大精深的中华文明是中国人民创造的，历久弥新的中华民族精神是中国人民培育的。人民群众创造了历史，一切成就归功于人民，人民是真正的英雄。再看我们党近百年的奋斗历程，无论是从站起来、富起来到强起来的历史性飞跃，还是从"赶上时代"到"引领时代"的伟大跨越，我们党正是紧紧依靠人民绘就了一幅幅波澜壮阔、气势恢宏的历史画卷，谱写了一曲曲感天动地、气壮山河的奋斗赞歌。习近平同志在 2019 年春节团拜会上指出："只要我们紧紧依靠人民，就没有战胜不了的艰难险阻，就没有成就不了的宏图大业。"前进没有止境，发展未有穷期。在革命战争时代，人民群众用小米哺育延安革命根据地、用小车推出淮海战役的胜利；今天，在新时代的征程上，我们仍必须紧紧依靠人民创造新的历史伟业，把群众路线贯彻到治国理政全部活动之中，从人民的伟大实践和发展要求中获得动力，充分激发蕴藏在人民群众中的创造伟力，一步一个脚印把中国特色社会主义伟大事业推向前进。

3

中国梦归根到底是人民的梦

2013 年 3 月 17 日，习近平同志在十二届全国人大第一次会议闭幕会上指出："中国梦归根到底是人民的梦，必须紧紧依靠人民来实现，必须不断为人民造福。"这一重要论述，阐明了中国梦的本质属性、动力源泉和价值归宿，进一步升华了我们党的为民宗旨和执政理念。

中国梦是什么梦？梦想是激励人们奋发前行的精神动力。当一种梦想能够将整个民族的期盼与追求都凝聚起来的时候，这种梦想就有了共同愿景的深刻内涵，就有了动员全民族为之坚毅持守、慷慨趋赴的强大感召力。实现中华民族伟大复兴，是全体中华儿女的伟大梦想和共同愿望，也是中国近现代史最伟大的主题。这一中华民族近代以来最伟大的梦想，是伴随着苦难人民的呼唤而产生的。众所周知，中华民族具有五千年连绵不断的文明史，创造了灿烂辉煌的中华文明。1840 年鸦片战争之前，中华文明一直走在世界文明发展的前列。然而，随着资本主义生产方式的兴起，随着近代工业革命脚步的加快，中国呈加速度地落伍了。故步自封的封建统治者仍然沉浸在往日的辉煌所造就的梦想之中，等待着"万国来仪"。不料，等来的却是西方列强的坚船利炮，等来的却是亡国灭顶之灾。山河破碎、民生凋敝，中华民族饱受欺凌，中国人民历经世所罕见的屈辱与苦难，我们国家陷入了半殖民地半封建社会的深渊。自此，实现民族独立、人民解放，并在此基础上实现中华民族伟大复兴，成为中国人民内心深处最深沉的呐喊，成为一代代仁人志士不懈奋斗的伟大梦想。正如习近平同志指出的："中国梦的本质是国家富强、民族振兴、人民幸福。"

　　实现中国梦为了谁？梦想只有照进现实才会实现，梦想照进现实只有落在恰当的载体上才能实现。国家富强、民族振兴终究是为了造福人民，为了实现人民的幸福梦。中华民族伟大复兴中国梦的最佳载体就是为人民造福。历史不断证明着一个朴素的道理：国家好，民族好，大家才会好。近代以来中华民族的发展历程，是中国梦愈益强烈、愈益清晰、愈益接近的发展历程。从半殖民地半封建社会到国家独立、人民解放的历史性跨越，从温饱不足到总体小康、全面小康，再到国家富强、人民幸福的历史性跨越，中国梦承载着中华民族伟大复兴的百年梦想，凝聚了中国人民的共同理想信念，凝聚了人民群众对美好生活的向往和追求。国家之梦、民族之梦的实现，最终是为了每一个中国人民的个人之梦的实现。中国梦把人民幸福作为第一目标，把人民的需求作为第一任务，把人民的呼声作为第一信号。中国梦的实现过程本质上就是中国共产党人带领亿万群众实现自己梦想的过程，无不彰显人民属性的本质特征。因此，正如习近平同志指出的："中国梦是国家的、民族的，也是每一个中国人的。""中国梦归根到底是人民的梦。"

　　实现中国梦依靠谁？一个人的力量是有限的，但万众一心、众志成城的力量是无穷的。人民群众作为中华民族的主体，当然是实现民族伟大复兴的主体力量。习近平同志强调："实现中国梦必须凝聚中国力量。这就是中国各族人民大团结的力量。"广大工人、农民、知识分子，是推动经济社会发展的主力军和生力军，是实现中国梦的主要力量；一切非公有制经济人士和其他新的社会阶层人士，是中国特色社会主义事业的建设者，是实现中国梦的重要力量；党和政府的各级党员干部是实现中国梦的领头人；人民军队是实现中国梦的安全保障。涓流汇海，聚沙成塔。要实现中国梦，必须充分调动最广大人民的积极性、主动性、创造性，激发和凝聚社会各阶层蕴含的深厚伟力，把中国各族人民大团结的力量汇聚起来，把 14 亿多人民心往一处想、劲往一处使的力量汇聚起来。这就需要我们始终坚持人民主体地位，发扬人民主人翁精神，充分重视每个人追逐梦想的权利，使人民群众共同享有人生出彩的机会，共同享有梦想成真的机会，共同享有同祖国同时代一起进步成长的机会。这就需要我们点燃 14 亿多人的梦想之火，让每个人都想干事、能干事、干成事，成就个人梦，从而以 14 亿多人的智慧和力量，以 14 亿多人的辛勤劳动和艰苦奋斗，以 14 亿多人的梦想成真，成就中华民族伟大复兴中国梦。

④

小康不小康，关键看老乡

2013 年 4 月 9 日，习近平同志在海南考察时强调："小康不小康，关键看老乡，要把中央制定的强农惠农富农政策贯彻落实好。"这一金句，既讲大逻辑又说大众话，高屋建瓴、画龙点睛地指出了全面建成小康社会所面临的最艰巨、最繁重的任务，就是必须携手亿万农民共同奔小康，体现了习近平同志对农业农村发展的深刻洞察，对广大农民群众特别是农村困难群众的殷殷深情。

小康的重点是老乡。20 世纪 80 年代，邓小平同志立足我国实际国情，确立了分"三步走"实现社会主义现代化的奋斗目标。"三步走"中的第一步是实现"温饱"，第二步是实现"小康"，第三步是基本实现现代化。"民者，国之根也，诚宜重其食，爱其命。"小康不小康，关键看老乡，说的是小康的重点和关键在农业、在农村、在农民，而不是在工业、在城市、在市民。这主要是因为"全面建成小康社会，最艰巨最繁重的任务在农村、特别是在贫困地区"。没有农村的小康，没有农民的小康，就没有全面小康。农民能否过上小康生活，关系到我们的小康是全面的小康还是拖着后腿的小康，是高质量的小康还是低水平的小康，是实现了共同富裕的小康还是用平均数掩盖大多数的小康。只有农民小康了、富裕了，工农城乡协调发展了，只有让广大农民群众共享改革发展成果，在住房、教育、医疗、就业、文化等方面加快均等化、均质化，"两个一百年"奋斗目标才能真正实现，中国特色社会主义才能真正体现出优越性。这就要求我们在推进全面小康社会建设的进程中，必须把工作的重中之重放在"三农"上，坚持从农业发展、农村建设中最突出的问题入手，从最困难的农民群众着眼，从最具体的工作抓起，通堵点、疏痛点、消盲点，切实解决好农村贫困群众"两不愁三保障"的问题，全面解决好同老乡们生活息息相关的教育、医疗、就业、社保、住房保障、人居环境、社会治安等问题，着力做好普惠性、基础性、兜底性民生建设，不断增强老乡们的获得感、幸福感、安全感。

小康的难点在老乡。全面建成小康社会基础在农业，重点在农村，关键在农民，这是由我国的基本国情决定的。中国还是农业大国，农业还是"四化同步"的短腿，农村还是全面建成小康社会的短板，农民还是共同富裕的难点。只有使农村的生产条件得到改善、社会事业得到发展、社会管理得到完善、公共服务得到加强，农民的生活质量才能达到全面小康要求，农村才能与城镇同步进入全面小康。有位基层干部讲得好，"三农"工作做不好，不但小康难以实现，老乡们甚至会拿起扁担打我们。我们党一向重视"三农"工作，但由于长期以来实际存在的城乡"二元"分割体制障碍等因素，农村、农业发展一直是经济社会发展中的薄弱环节。劳动生产率低、农民收入低，基础设施差、公共服务差、环境脏乱差，贫困人口绝大多数在农村，留守在农村的大多是妇女、儿童和老人，这是目前农村的真实写照。这些实际情况，决定了到 2020 年年底全面建成小康社会的难点在农业、在农村、在农民。习近平同志指出："农业强不强、农村美不美、农民富不富，决定着亿万农民的获得感和幸福感，决定着我国全面建成小康社会的成色和社会主义现代化的质量。"是不是真小康，小康是不是"成色"好，就要看农业有没有全面升级、农村有没有全面进步、农民有没有全面发展。习近平同志用通俗易懂的语言清晰地告诉全党和全国人民：我国要真正全面建成小康社会，关键就要看我们能否抓好"三农"问题。我们必须进一步加大贯彻中央富农惠农政策的力度，加快执行的进度，提高执行的效率，在执行中不打折扣、到边到位，只要认准的事、定下的事、利于农民群众的事，就要按照习近平同志嘱咐的"一件事情接着一件事情办，一年接着一年干，锲而不舍向前走"的要求，坚持不懈干下去、干到底。老乡们也要坚定信心，有中央强农富农惠农政策的帮扶，大家只要齐心协力，就一定能把农村建设好，过上小康幸福生活。

小康路上不能落下一个老乡。一个木桶无论有多高，它盛水的高度取决于其中最低的那块木板。全面小康也有"木桶效应"，强调小康要"全面"，一块板都不能短。小康是惠及全体人民的小康，是全民共享的小康，是人人享有、各得其所，不是少数人富裕、一部分人共享的小康。要让14亿多中国人民共享全面小康的成果，绝不能让一个地区、一个家庭掉队。正如习近平同志指出的："坚决打赢脱贫攻坚战，确保到2020年所有贫困地区和贫困人口一道迈入全面小康社会"。"在扶贫的路上，不能落下一个贫困家庭，丢下一个贫困群众。""只要还有一家一户乃至一个人没有解决基本生活问题，我们就不能安之若素。"这些话告诫全党同志，在经济社会文化快速发展的同时，我们要始终牢记我们是谁的党，不能模糊甚至忘记了为谁发展、发展的成果应该由谁来共享的初心，在全面建设小康社会、实现中华民族伟大复兴的新征途上，不能少了广大老乡的身影，更不能忽视贫困老乡共享改革发展成果的权利；要切实增强政治意识，强化责任担当，坚定必胜信念，将脱贫攻坚工作放在更加突出位置，坚持大扶贫格局，贯彻精准方略，扎实做好产业扶贫、就业扶贫、危房改造、教育扶贫、健康扶贫、生态扶贫、扶志扶智等重点工作，坚决如期打赢脱贫攻坚战。

（5）

党的根基在人民、血脉在人民、力量在人民

人民，常常被比作载舟的水，喻为种子的土地，视为大树的根。对于执政者，人民的重要性怎么强调也不为过。2013 年 6 月 18 日，习近平同志在党的群众路线教育实践活动工作会议上指出："我们党来自人民、植根人民、服务人民，党的根基在人民、血脉在人民、力量在人民。"这一讲话饱含深厚隽永的人民情怀，为新时代党员干部坚定马克思主义人民立场、树立正确的群众观进一步指明了方向。

在任何时候任何情况下，只有与人民同呼吸共命运的立场不变，才能扎实筑牢执政之根基。人民立场是马克思主义最鲜明的品格，是中国共产党的根本政治立场，也是马克思主义政党区别于其他政党的显著标志。对于共产党人的这一根本立场，毛泽东同志用中国化的语言形象地将其称为"为什么人"的问题。"为什么人的问题，是一个根本的问题，原则的问题。"中国共产党自诞生之日起，就深深植根于人民群众之中，从成立之初的几十个人到今天的 9100 多万名党员，从民主革命时期"唤起工农千百万"到改革开放亿万人民的火热实践，从"人民五亿不团圆"到 14 亿多人同心共筑中国梦，从神州大地一穷二白、百废待兴到跻身世界第二大经济体，党始终坚守人民立场，实现人民利益，将自己的根牢牢扎在人民群众当中。如果没有从人民

的立场出发，我们党就不可能把稳正确的航向，在梦想的航道上一路劈波斩浪、昂扬前行；如果没有站稳人民立场，我们这个古老的国度就不可能焕发出蓬勃生机，在世界东方巍然屹立。中国共产党近百年的奋斗史、中华人民共和国 70 多年的发展史都雄辩证明，只有始终站稳人民立场，始终与人民同甘苦、共命运，同忧乐、共奋进，我们党才能克服一切艰难险阻、驶向光辉彼岸，我们国家和民族才能成就辉煌事业、走向兴旺发达。

在任何时候任何情况下，只有全心全意为人民服务的宗旨不忘，才能有效畅通执政之血脉。全心全意为人民服务，从字面上看没有什么难懂的艰深理论，但这朴素的话语中，展示和揭示的正是党最纯朴的感情、最真诚的态度、最明确的目的，说出了老百姓的希望，道出了人民群众的期盼，喊出了中国共产党人的崇高理想。全心全意为人民服务闪耀着马克思主义的真理光辉，是马克思主义中国化的伟大实践，也是马克思主义政党最鲜亮的底色。为人民服务，不是一句空话，而是共产党人发出的伟大号召和时代的最强音，具有永久的穿透力、凝聚力和向心力。1947 年 3 月，刘少奇等同志带领队伍撤离延安，向山西地区转移。一路上，他深为晋西北人民生活的贫困所震惊，"许多农民多年未制过衣服，一家八九口人共穿一套烂衣服"。刘少奇同志告诫晋西北的领导干部务必提高警觉，关心群众生活，通过土地改革、发展生产等，尽快改变人民的穷苦状态。他尖锐地指出，共产党就是为人民办事的，"如果我们真是那样无利于人民，我们自己就可以宣布取消解散"。无论时代如何变迁、科学如何进步，全心全意为人民服务的宗旨始终彰显科学思想的伟力，始终占据真理和道义的制高点，散发出夺目光芒。正如习近平同志指出的："始终坚持全心全意为人民服务的根本宗旨，是我们党始终得到人民拥护和爱戴的根本原因。"不论在任何时候任何情况下，全心全意为人民服务的宗旨始终不能忘。忘了，党就会变质、变色；忘了，就是对人民的脱离、对人民背叛，必将被人民所唾弃。

我们要更加深刻理解、坚定践行为人民服务宗旨，把为人民服务的价值初衷永远镌刻在每个细胞基因中、渗透到自己的血液里。

在任何时候任何情况下，只有群众是真正英雄的历史唯物主义观点不丢，才能切实凝聚执政之力量。"人民，只有人民，才是创造世界历史的动力。""群众是真正的英雄，而我们自己则往往是幼稚可笑的。"这是毛泽东同志对人民群众历史作用的充分肯定，也是唯物史观的集中体现。邓小平同志指出："马克思主义向来认为，归根结底地说来，历史是人民群众创造的。"在中国革命、建设、改革的不同时期，人民都是党战胜一切困难和风险的根本力量源泉。在艰难困苦的革命年代，井冈山上的星星之火终成燎原之势；抗日民族统一战线广泛发动群众，将日本侵略者陷于人民战争的汪洋大海；淮海战役的胜利是人民群众用独轮车推出来的。在战天斗地的社会主义建设时期，林县人民用自己的双手，一锤一钎"劈开太行山、漳河穿山来"，在崇山峻岭之间建成世界第八大奇迹"人工天河"红旗渠；大庆石油工人"有条件要上，没有条件创造条件也要上"，改变了中国石油工业落后的面貌。在攻坚克难的改革开放时期，是群众的智慧推动了家庭联产承包责任制的落地，是群众的力量为经济特区"杀出了一条血路"。真正的铜墙铁壁是什么？是群众。正如毛泽东同志所说的："只要我们依靠人民，坚决地相信人民群众的创造力是无穷无尽的，因而信任人民，和人民打成一片，那就任何困难也能克服，任何敌人也不能压倒我们，而只会被我们所压倒。"习仲勋同志曾明确提出："人民就是江山，江山就是人民。"人民群众在任何时候都是党的执政基础，没有人民群众的支持，天就会塌、地就会崩、山就会摇。我们要把人民作为最大"靠山"和坚强"后盾"，始终做到一切相信群众、一切依靠群众，充分调动广大人民群众的积极性、主动性和创造性，汇聚亿万群众的智慧和力量来解决问题、推动改革、促进发展，使我们党长期执政获得更加强劲的正能量。

6

公款姓公，一分一厘都不能乱花；公权为民，
一丝一毫都不能私用

　　2014 年 1 月 14 日，习近平同志在中国共产党第十八届中央纪律检查委员会第三次全体会议上指出："公款姓公，一分一厘都不能乱花；公权为民，一丝一毫都不能私用。"这一讲话可谓一语中的、切中要害，宣示了共产党人对公款徇私、公权谋私、公仆偏私的"零容忍"态度，深刻告诫了全体党员干部要做到公私分明，牢固树立正确的权力观、公私观、事业观。

　　这是一种一心为公的权力观。权力观是关于国家和社会权力的根本观点。马克思主义权力观，概括起来就是两句话：权为民所赋，权为民所用。前一句话指明了权力的根本来源和基础，后一句话阐明了权力的根本性质和归宿。全心全意为人民服务，是我们党的唯一宗旨，也是马克思主义权力观同资产阶级权力观的根本区别。权力姓公不姓私，党员干部手中的权，是公权、公器，除为人民之外，不能它用。党在执政伊始，就旗帜鲜明地将"一切权力属于人民"写进宪法，作出了"立党为公、执政为民"的郑重宣示。毛泽东同志多次告诫全党："我们的权力是谁给的？是工人阶级给的，是贫下中农给的，是占人口百分之九十以上的广大劳动群众给的。"党的七大选出中央委员和候补委员后，毛泽东同志对他们说："你们这些人当选中央委

员了，不要以为自己做了官，只是在你们身上加重为人民服务的责任。"邓颖超同志后来回忆说，毛主席这句话让她牢记一生。新中国刚成立，毛岸英同志给表舅向三立写了一封长达3000多字的信，就一亲属"希望在长沙有厅长方面位置"一事，表示"我非常替他惭愧"，还说："至于父亲，他是这种做法最坚决的反对者。"这封信不仅对老一辈革命家的权力观作出了深刻诠释，更为共产党人如何在私情面前正确行使权力给出了答案。党的十八大后，有不少高官落马，无不与他们过去滥用权力谋取私利有着直接的关系。"有公天下之心，方做得公天下之事。"党员干部特别是领导干部要树立一心为公的权力观，敬畏权力、敬畏法纪、敬畏人民，依法用权、秉公用权、廉洁用权，任何时候任何情况下都把执政为民、为民用权作为正确使用权力的基本遵循，以群众满意与否作为权力行使是否得当的根本标准，真正做到为政不移公仆之心、用权不谋一己之私。

　　这是一种是非分明的公私观。公私观是指人们对公与私及其关系的根本看法和态度，是人生观的一个重要方面。"一心可以丧邦，一心可以兴邦，只在公私之间尔。"公私二字明辨是非。共产党人讲公私分明、先公后私，更讲大公无私、公而忘私。在这方面，老一辈革命家为我们做出了表率。毛泽东同志曾定下这样的规矩："恋亲，但不为亲徇私；念旧，但不为旧谋利；济亲，但不以公济私。"他一生的奋斗和追求，都是为了民族独立、国家富强和人民幸福，临终时只有500多元积蓄，124万元稿费全部交给了国家，没有给子女留下一块钱、一间房。"我没有私心"，毛泽东同志晚年说过的这句话，至今仍天地留声、振聋发聩。周恩来同志定下十条家规："不许请客送礼；不许动用公家的车子；不谋私利，不搞特殊化……"他乘车去饭店理发，去医院看病，去探亲访友，都算作私人用车，要求工作人员照章付费。邓小平同志早就告诫："要公私分明，不拿原则换人情。"习近平同志指出："在作风问题上，起决定作用的是党性，衡量党性强弱的根本尺子是'公私'二字。""不谋私利才能谋根本、谋大利，才能从党的性质和根本宗旨出发，从人民根本利益出发。"他身体力行、以身作则，从福建、浙江到上海、北京，他都告诫亲友："不能在我工作的地方从事任何商业活动，不能打我的旗号办任何事，否则别怪我六亲不认。"公款公用、公权为民，反映在公私观上，就是要和对待是非一样，非黑即白，不存在任何中间地带。"苟非吾之所有，虽一毫而莫取。""公烛之下不展家书。"每一名党员干部都要自觉竖起"警示牌"、架起"高压线"，永不"闯红灯""越过界"，公不私占、公不私用、公私分明，坚持做到不为私欲所动、不为私情所困、不为私利所惑，时时处处都把党、国家和人民利益放在大于一切、高于一切、重于一切的位置上。

这是一种克己奉公的事业观。事业观是指人们对事业、对工作的根本看法，决定着人们采取什么样的事业态度、遵循什么样的事业精神、追求什么样的事业目标。中国共产党人的事业观，就是克己奉公，为了人民利益而不惜牺牲自己的利益甚至是生命，始终为人民谋幸福。司徒雷登曾经感叹："共产党之所以成功，在很大程度上是由于其成员对它的事业抱有无私的献身精神。"为了民族独立和人民解放事业，老一辈革命家毁家纾难、为国捐躯，毛泽东同志一家有6位亲人献出了生命，徐海东大将家族牺牲了70多人，贺龙元帅的贺氏宗亲中有名有姓的烈士就有2050人，这是何等的牺牲精神？新中国成立后，刘少奇同志作为党和国家的主要领导人之一，地位变了，但他克己奉公、艰苦朴素的作风始终没有变。他到全国各地视察工作或开展调研，一直坚持"四不准"：不迎送，不请客吃饭搞铺张浪费，不收别人礼物，参观时不搞前呼后拥的陪同。习近平同志指出，当共产党的"官"，只有一个宗旨，就是造福于民。他强调，广大党员干部要不谋私利、克己奉公。党的干部姓公，必须牢记自己是人民的公仆而不是人民的主人、是人民的勤务员而不是"官老爷"，始终做到克己奉公、严格自律、严以修身，把为人民服务内化为自己的人生信条，在为人民服务的崇高事业中实现自己的人生价值。

7

为人民服务，担当起该担当的责任

　　2014 年 2 月 7 日，习近平同志在索契接受俄罗斯电视台专访时表示："中国共产党坚持执政为民，人民对美好生活的向往就是我们的奋斗目标。我的执政理念，概括起来说就是：为人民服务，担当起该担当的责任。"这一金句，饱含拳拳爱民之心、殷殷公仆之情，彰显了共产党人的崇高追求和责任担当，为新时代的党员干部确立了学习榜样、树起了价值标杆、注入了精神力量。

　　这一金句，彰显了人民领袖为民爱民的大情怀。"意莫高于爱民，行莫厚于乐民。"在习近平同志心中，"人民"二字重若千钧，他始终把人民放在第一位，"像爱自己父母那样爱老百姓"。在陕西延安插队时，他和梁家河的人民群众打成一片，结下了深情厚谊。在福建宁德担任地委书记时，他带领当地人民以滴水穿石精神致力摆脱贫困。在离开闽东到福州赴任时，他说："闽东的点滴变化，都会给我带来无比的喜悦和欣慰。"民贫他忧，民富他喜；亲民爱民，一片赤诚。从贫困山区的大队支书、县委书记、地委书记、省委书记到成为党和国家最高领导人，虽然位置变了，但习近平同志初心未改。"乐以天下，忧以天下"，无论是在基层工作，还是在总书记的岗位上，他一直将人民群众的幸福视为自己最大的奋斗目标。他的一言一行，无不闪耀着共产党人的"初心"，无不体现共产党人的"为民"情怀，也正是他深怀对人民的深厚情感，为人民服务的赤子之心，才奠定了他不负人民、许党许国的情感基础，不断在为民担当中开辟治国理政新境界。

这一金句，诠释了共产党人舍我其谁的大担当。"舍我其谁"一词出自《孟子》，原文是："如欲平治天下，当今之世，舍我其谁也？"对共产党人而言，崇高的责任意识、舍我其谁的大担当，体现在面对历史和人民交付的重任面前毫不迟疑、挺身而出的忠诚和勇气。1949年3月23日，毛泽东同志率中共中央机关离开西柏坡前往北平时说："今天是进京的日子，进京赶考去。"对共产党人来说，"赶考"不是为了做官，而是要扛起"治国""平天下"的使命。1973年2月，邓小平同志接到了中央要他回京的通知。离别之际，他说："我还可以干二十年。"在大是大非面前，他想的不是一己安危，而是国家兴亡。他以舍我其谁的担当精神，带领一代共产党人担负起坚持正气、坚持真理的使命，拨乱反正、实事求是、对外开放、试验特区……挽狂澜于既倒，扶大厦于将倾。"担当"是习近平同志鲜明的政治品格。他曾说过，在延安插队的七年，在延安精神的哺育下养成了鲜明的担当品格，懂得了为什么要担当，为谁担当和怎样担当。当选为党和国家领导人后，他把为人民担当负责作为自己的执政理念。"舍我其谁"的担当精神重在"当仁不让""正义之事不推托"，看的就是有没有"大肩膀"，有没有对发展"涛声依旧"的焦虑、对事业"久久为功"的韧劲，敢不敢为人民利益担当风险，襟怀坦荡、服务人民，能不能"超常规"负重，涉险滩、破坚冰、攻堡垒、拔城池，知难而进、迎难而上，决不在困难面前打"退堂鼓"，决不在风险面前当"逃兵"。

这一金句，体现了新时代拼搏实干的大作为。筑就长青基业，离不开拼搏实干。我们党的发展史就是一部勇于拼搏、前赴后继、不怕牺牲的艰苦奋斗史。无论是在"坚船利炮"的西方列强侵略下带领人民夺取民族独立的胜利，还是靠"节衣缩食、勒紧裤带"的奋斗精神在一穷二白的状况下建立起新中国完整的现代工业体系，还是鼓起"杀出一条血路"的勇气推进改革开放，我们党带领人民用短短数十年走过西方国家两三百年的发展历程，每一个"伟大梦想"的实现，都是靠"筚路蓝缕，以启山林"的拼搏和"一滴汗珠摔八瓣儿"的实干赢来的。"幸福都是奋斗出来的""新时代是奋斗者的时代"，习近平同志的话语铿锵有力、直抵人心。为民拼搏实干是中国共产党人的精神向度。无论在地方还是在中央工作，习近平同志都以实干著称。在河北正定，他冒着风险向上级申请减征购粮，缓解了正定群众的口粮问题；在福建宁德，他上任不搞"三把火"，而是首先进行实地调查研究，提出"弱鸟先飞"的理念，探索一条因地制宜发展经济的路子；在浙江，他经过深入系统的调研提出"八八战略"，全面建设平安浙江、加快建设文化大省、积极建设法治浙江，真正做到了"干在实处，走在前列"。邓小平同志曾说过："不干，半点马克思主义也没有。"千峰竞翠，百舸争流。新时代新征程，广大党员干部都要像习近平同志那样，奋勇拼搏、砥砺实干，做起而行之的行动者，当攻坚克难的奋斗者，讲实话、出实招、办实事、求实效，不遗余力为群众解忧愁，让人民群众的生活越来越美满、获得感越来越强。

8

以人民安全为宗旨，以政治安全为根本

2014 年 4 月 15 日，习近平同志在中央国家安全委员会第一次会议上指出："以人民安全为宗旨，以政治安全为根本，以经济安全为基础，以军事、文化、社会安全为保障，以促进国际安全为依托，走出一条中国特色国家安全道路。"这一重要论述，高度概括了总体国家安全观，深刻揭示了"以人民安全为宗旨"是总体国家安全观的第一要义，充分体现了人民安全是中国特色国家安全道路的核心价值，科学回答了如何维护和塑造国家安全这一基本问题，为我们做好新时期国家安全工作指明了方向。

国家安全是国家发展、人民福祉的基础和保障。"安而不忘危，存而不忘亡，治而不忘乱。"我们党历来高度重视国家安全，统筹发展和安全，增强忧患意识，做到居安思危始终是我们党治国理政的一个重大原则。毛泽东同志强调建立传统国家安全观，以建立军事、政治安全为核心，突出表现为生存安全。邓小平同志提出以政治安全、经济安全为核心的综合国家安全观，突出表现为发展安全。江泽民同志强调要建立以"互信、互利、平等、合作"为核心的新综合国家安全观。胡锦涛同志提出建立以科学发展观为统领的构建和谐社会、和谐世界的新国家安全观。习近平同志准确把握我国国家安全形势新变化、新特点，统筹国内国际两个大局，在理论和实践上创新发展国家安全战略，审时度势提出总体国家安全观，将国家的安全从传统的国土安全、军事安全拓展到了国民安全，是对我们党的国家安全战略成功经验的深刻总结和传承发展，是指导新时代我国国家安全工作的科学理论和行动指南。

人民安全与国家安全相辅相成、相得益彰。实现人民安全是维护国家安全的最终目的，维护国家安全是保证人民安全的根本基础。从古至今，无论是农耕文明还是工业社会，只有国家的安全有保障，人民才能安居乐业；反过来说，只有人民安居乐业，国家安全才更加稳固牢靠。更形象地说，国家就好比一棵大树，人民是根，国家安全工作就像"护盾"一样保障人民的切身利益，维护一个国家的"根"，大树繁茂、根深蒂固；而"根"稳固了，国家这棵大树才能够在风雨中茁壮成长。"民惟邦本，本固邦宁。"以人民安全为宗旨是唯物史观的必然要求，是党的性质宗旨的重要体现。党的十九大首次把"人民安全"写入党的全国代表大会报告，把人民安全摆在了前所未有的重要位置。以人民安全为宗旨，就是要坚持以民为本、以人为本，坚持国家安全一切为了人民、一切依靠人民，把人民安全作为一切国家安全工作的出发点和落脚点，大力保护人民群众的生命和财产安全，切实维护人民的基本权益，真正把不断提高人民的安全感、获得感、幸福感作为检验国家安全的根本标准和价值追求。

政治安全是国家安全的根本。政治安全不仅关系国家的长治久安，更关系民族复兴和人民福祉。以政治安全为根本，指明了政治安全在国家安全战略中的核心地位。"灭人之国，必先去其史。"近年来，一些别有用心之人打着学术自由的幌子，对党史和新中国史、对党的领袖竭尽歪曲丑化之能事，妄图否定马克思主义指导地位，否定党的领导和执政地位，严重危害了国家政治安全。习近平同志指出："一个政权的瓦解往往是从思想领域开始的，政治动荡、政权更迭可能在一夜之间发生，但思想演化是个长期过程。"坚持以政治安全为根本，必须牢牢把握意识形态工作的主动权、话语权，坚决反对一切削弱、歪曲、否定党的领导和我国社会主义制度的言行，毫不动摇增强"四个意识"、坚定"四个自信"、做到"两个维护"，毫不动摇把党建设得更加坚强有力，确保中国共产党的执政地位不被动摇，确保人民民主专政政权不被颠覆，确保中国特色社会主义制度不被破坏，确保社会主义意识形态不被"西化""分化"，确保中华民族伟大复兴进程不因某些事情的出现而被中断和打乱。

当前，我国正处于一个大有可为的历史机遇期，但也要清醒地认识到，我国国家安全内涵和外延比历史上任何时候都要丰富，时空因素比历史上任何时候都要宽广，内外因素比历史上任何时候都要复杂。从国际上看，世界正面临百年未有之大变局，外部阻力、挑战和不确定因素增多；从国内看，我国经济社会发展中不平衡、不协调、不可持续的问题依然突出；改革进入攻坚期、深水区，社会矛盾多发叠加、风险隐患增多，防范化解重大风险是必须面对的重大任务。这就要求我们必须全面践行总体国家安全观，坚持底线思维，坚持原则性和策略性相统一，因势利导、趋利避害，牢牢把维护国家安全的战略主动权掌握在自己手中，采取一系列举措，切实维护人民安全、政治安全和国家利益。我们坚信，只要人人都找准国家安全"坐标系"，携手画出维护稳定"同心圆"，织密人民防线"一张网"，就一定能构筑起捍卫国家安全和人民安全的钢铁长城。

9

不得罪成百上千的腐败分子，
就要得罪十三亿人民

2015 年 1 月 13 日，习近平同志在十八届中纪委五次全会上强调："不得罪成百上千的腐败分子，就要得罪十三亿人民。这是一笔再明白不过的政治账、人心向背的账。"这一金句振聋发聩，深刻揭示出党和人民与腐败水火不容，彰显了我们党反腐为了人民的坚定决心和顽强意志。

古今中外统治集团因为腐化堕落导致人亡政息的案例比比皆是，当今世界上由于执政党严重腐败而失去政权的例子也不胜枚举。苏联共产党执政 74 年而亡，日本自民党连续执政 38 年而下野，墨西哥革命制度党连续执政 71 年后大选败北，其共同原因都在于这些政党陷入腐败的泥沼不能自拔，致使民怨沸腾、民心丧失。我们党自成立以来，始终将反对腐败、建设廉洁政治作为自己鲜明的政治立场，始终注重保持党的肌体健康。可以说，我们党的发展史，既是一部领导中国人民革命、建设、改革的历史，也是一部自我净化、自我完善、自我革新的反腐倡廉史。1927 年，党的五大根据中国共产党由建党之初的 50 多人发展到 57900 多人的情况，首次决定建立中央和省级监察委员会。此后，拒腐防变就成为党的建设的永恒主题。

党的十八大以来，以习近平同志为核心的党中央以强烈的历史责任感和深沉的使命忧患感，把全面从严治党纳入"四个全面"战略布局，坚持反腐败无禁区、全覆盖、零容忍，不敢腐的目标初步实现，不能腐的笼子越扎越牢，不想腐的堤坝正在构筑，反腐败斗争压倒性态势已经形成并巩固发展，赢得了党心军心民心。从过去的反腐斗争来看，这不是一场闪电战或突击战，而是一场不可退让、不容失败的攻坚战，是一场考验决心和耐心、征途漫漫的持久战。我们党与腐败分子的斗争，是你死我活、水火不容、针锋相对的较量，如果不得罪少数腐败分子，势必会得罪亿万人民，孰轻孰重，这笔民心账再明白不过。

坚持反腐为了人民，必须深刻认识先进性和纯洁性是马克思主义政党的本质属性。中国共产党是有着崇高理想和奋斗目标的马克思主义政党，先进性和纯洁性是我们党的本质属性。但是，党毕竟不是在真空中活动，各种腐朽思想不可避免地会影响到党员队伍，侵蚀党的肌体，违背党的宗旨，违反党的纪律，发生腐败现象。如果我们不能有效抵御各种腐朽思想侵蚀，就不能及时革除自身病症，也就不可能始终保持马克思主义政党应有的先进性和纯洁性，更不能实现为人民服务的宗旨。正如习近平同志指出的："我们加强党的建设，就是要同一切弱化先进性、损害纯洁性的问题作斗争，祛病疗伤，激浊扬清。"他强调："我们党作为执政党，面临的最大威胁就是腐败。"因此，"反腐倡廉、拒腐防变必须警钟长鸣"。各级党员干部特别是领导干部要牢固树立正确权力观，敬畏人民、敬畏组织、敬畏法纪，以自我革命的精神和刀刃向内的勇气，自我净化、自我完善、自我提高，切实做到公正用权、依法用权、为民用权、廉洁用权，永葆共产党人拒腐蚀、永不沾的政治本色。

坚持反腐为了人民，必须以刮骨疗毒、壮士断腕的勇气将反腐进行到底。翻开历朝历代的历史，腐败始终蔓延在上至公卿贵族、下至普通官吏的统治阶级各阶层中，并影响到整个社会风气，最终导致王朝的灭亡。换言之，历朝历代衰亡史，某种程度上来说就是一部腐败史。明末崇祯皇帝妄想以一己之力拯救已经腐败透顶的朝廷，但为时已晚、无力回天；蒋介石在国民党政权已经生锈、腐烂、发臭的情况下，才开始寄希望于反腐，但是各种势力互相扯皮倾轧，反腐以失败告终，最终落得个兵败溃逃的下场。历史告诉我们，反腐败绝非易事，腐败问题就如同寄生于皮肤上的细菌，具有极强的顽固性、反复性，决不能等到病入膏肓才幡然醒悟。党的十八大以来，党中央力挽狂澜，出"重拳"、用"重典"，向腐败问题和作风顽疾开战。对于全面从严治党、铁腕惩治腐败可能引起的震动，习近平同志的态度是"不是没有掂量过。但我们认准了党的宗旨使命，认准了人民的期待"，并强调"人民把权力交给我们，我们就必须以身许党许国、报党报国，该做的事就要做，该得罪的人就得得罪。不得罪腐败分子，就必然会辜负党、得罪人民"。当前，反腐的压倒性态势已经形成，但形势依然严峻复杂。我们要敢于向腐败亮剑，以顽强的意志品质，坚持"零容忍"的态度不变，拿出"明知山有虎，偏向虎山行"的魄力和壮士断腕的勇气刮骨疗毒、自我革命，做到有案必查、有腐必惩，决不能让"霸王别姬"的悲剧上演，决不当李自成。

坚持反腐为了人民，必须充分发挥人民群众的监督作用。毛泽东同志曾指出："共产党是为民族、为人民谋利益的政党，它本身决无私利可图。它应该受人民的监督，而决不应该违背人民的意旨。"在苏维埃时期，他就号召群众监督政府："苏维埃必须吸引广大民众对于自己工作的监督与批评，每个革命的民众都有揭发苏维埃工作人员的错误、缺点之权。"习近平同志指出："我们要珍惜人民给予的权力，用好人民给予的权力，自觉让人民监督权力。"并强调："群众的眼睛是雪亮的，群众的意见是我们最好的镜子。"没有监督的权力必然导致腐败。我们只有做到"让人民监督政府"，织密群众监督的"天网"，开启全天候"探照灯"，让权力在阳光下运行，才能让腐败无法滋生、无处遁形，才能通过实际行动回答"窑洞之问"，跳出"其兴也勃焉，其亡也忽焉"的历史周期率。1949年，在中国革命即将取得全国胜利之际，党中央向领导干部提出三点要求：一是时刻不能脱离群众，自觉接受人民监督；二是永远不能骄傲自满，始终艰苦奋斗；三是时刻防范"糖衣炮弹"，永葆政治本色。这三点，应当说永远不会过时，今天仍需牢记。

10

把改革方案的含金量充分展示出来，
让人民群众有更多获得感

2015 年 2 月 27 日，习近平同志在中央全面深化改革领导小组第十次会议上强调："要科学统筹各项改革任务，推出一批能叫得响、立得住、群众认可的硬招实招……突破'中梗阻'，防止不作为，把改革方案的含金量充分展示出来，让人民群众有更多获得感。"这一金句充分体现了立党为公、执政为民的宗旨意识，彰显了人民至上的执政情怀，昭示了改革开放的价值取向、本质特征和最终依归，为新时期进一步深化改革提供了根本遵循。

改革必须以人民为导向，不能漫无目的做无头苍蝇。方向决定道路，道路决定命运。坚持什么样的改革方向，决定着改革的性质和最终成败。民之所望，改革所向。当年邓小平同志设计改革开放的初衷，就是为了满足人民对生产生活"旧貌换新颜"的期盼。针对"文化大革命"后人民生活水平低下落后的状况，他忧虑地说："我们太穷了，太落后了，老实说对不起人民。"并强调"社会主义制度优越性的根本表现，就是能够允许社会生产力以旧社会所没有的速度迅速发展，使人民不断增长的物质文化生活需要能够逐步得到满足"。正是根据邓小平同志的意见和建议，十一届三中全会上中央政治局作出把党的工作重心转移到经济建设上来的决定，实行改革开放的重大决策。回望 40 多年改革开放的壮阔历程，小岗破冰、深圳兴涛、浦东逐浪、雄安扬波、海南弄潮……"以人民为导向"是贯穿始终的一条主线，也是我们改革开放取得"中国奇迹"的密码。习近平同志多次强调，"改革必须坚持正确方向""切实做到人民有所呼、改革有所应"，并将坚持以人民为中心的改革价值取向不能变作为新时代全面深化改革必须始终坚持的三大基本原则之一。这就要求我们必须时刻把群众的利益放在心上，把人民的福祉抓在手上，把百姓的期望扛在肩上，想群众之所想、急群众之所急、解群众之所困，做到老百姓关心什么、期盼什么，改革就抓住什么、推进什么，努力使各项改革满足人民群众的愿望和期盼。

改革不能撒胡椒面，必须集中火力瞄准要害。毛泽东同志曾形象地把工作任务比作"过河"，把工作方法比作"桥或船"，指出："不解决桥或船的问题，过河就是一句空话。不解决方法问题，任务也只是瞎说一顿。"把改革方案的含金量充分展示出来，同样离不开科学的工作方法。什么是科学的工作方法？对于改革来说，就是以问题为导向，坚持重点突出、科学统筹。古今中外，不管干什么事，但凡能够取得成功、获得胜利的，都是善于抓住重点、解决关键问题的。古人打仗，知道"射人先射马，擒贼先擒王"。农民耕田，懂得"牵牛要牵牛鼻子"。毛泽东同志领导闹革命、打天下，就是抓住了武装斗争这个关键，枪杆子里面出政权。邓小平同志领导改革开放，集中精力发展经济，经济发展了，很多事情都迎刃而解。同样，今天我们搞改革，也不能漫无目的、漫天撒网，不分主次、不加区别，"眉毛胡子一把抓"。正如习近平同志强调的，全面深化改革要"以重大问题为导向，抓住重大问题、关键问题进一步研究思考，找出答案，着力推动解决我国发展面临的一系列突出矛盾和问题"。当前，改革发展稳定中各种问题和矛盾错综复杂、各个环节千丝万缕，任务重、标准高、难度大、问责严，一些干部感到应接不暇，有的"捡了芝麻丢了西瓜"，有的"按下葫芦浮起瓢"，整日疲于奔波，结果却事倍功半，归根结底就是没有把握住主要矛盾。重点是什么，要害在哪里？必须从群众关注、关心、关切的医疗、教育、社保、就业创业等领域入手，找出真正的短板和弱项，立足实际、突出重点、对症下药，集中火力在人民群众最需要、最紧迫、最关键的实处、细处、要害处持续用力，打准"七寸"，真正把各项改革措施落准、落实、落细。

改革不能玩虚的、整假的，必须要让老百姓看到实实在在的成效。"获得感"强调的是一种实实在在的客观"得到"，既包括物质方面也包括精神方面。无论是"脱真贫、真脱贫"的务实举措，还是"打赢蓝天保卫战"的实际行动；无论是推进简政放权让群众少跑腿、少烦心、多顺心，还是既做大"蛋糕"又分好"蛋糕"……从生存到发展，从物质到精神，从福利到权利，让人民有实实在在的获得感始终是贯穿改革开放进程中的一条红线。习近平同志指出："如果不能给老百姓带来实实在在的利益……改革就失去意义，也不可能持续。"他还强调："一分部署，九分落实。""现在，关键是把蓝图一步步变为现实。"我们必须清醒地认识到，对老百姓来说，改革的目的不是仅仅停留在表面，不是满足经济数字的增长、改革条款数量的增多，而是要看得到真金白银，要实现老百姓的热切期盼和最关心的切身利益。因此，必须顺应民心、尊重民意、关注民情、致力民生，真心实意地改、真刀实枪地改，把人民的获得感作为推动改革全面深化的"风向标"，作为检验改革成效的"试金石"，打通推进改革的"最后一公里"，使各项改革政策落地生根、开花结果，让老百姓实实在在享受到改革带来的"红利"。

⑪

心中常思百姓疾苦，脑中常谋
富民之策

　　2015年3月，习近平同志在参加十二届全国人大第三次会议江西代表团审议时，嘱咐江西各级干部："我们决不能让老区群众在全面建成小康社会进程中掉队，立下愚公志，打好攻坚战，心中常思百姓疾苦，脑中常谋富民之策，让老区人民同全国人民共享全面建成小康社会成果。"这一重要讲话，饱含着对人民群众的深厚情谊，传递出党中央对革命老区人民的巨大关怀，为我们打赢脱贫攻坚战提供了根本遵循和强大动力。

　　立下愚公志是基础。"没有比人更高的山，没有比脚更长的路。"人民群众身上蕴藏着巨大的伟力，当这种力量得到充分发挥时，可以创造出许多奇迹。在中国家喻户晓的"愚公"故事，讲的就是这个道理。毛泽东同志曾经发表过题为《愚公移山》的著名演讲，号召以愚公移山精神，下定决心，不怕牺牲，排除万难，去争取胜利。消除贫困、改善民生、逐步实现共同富裕，是社会主义的本质要求，也是我们党的重要使命。新中国成立以后，我们党就带领人民坚决向贫困宣战，特别是经过改革开放40多年的不懈努力，我们成功走出了一条中国特色扶贫开发道路，8亿多农村贫困人口摆脱贫困，对全球减贫的贡献率超过70％，被国际社会誉为"人类历史上前所未有的伟大成就"。船到中流浪更急，人到半山路更陡。当前，脱贫攻坚已经到了啃硬骨头、攻坚拔寨的冲刺阶段，正是最吃劲的时候。我们要移掉贫困这座大山，踏平坎坷成大道，就必须立下愚公移山志，尽锐出战、迎难而上，以更大的决心、更明确的思路、更精准的举措、更超常规的力度，解决好贫中之贫、困中之困，众志成城，打赢脱贫攻坚战，不达目的不收兵、不破楼兰终不还。

常思百姓苦是前提。古往今来，但凡有担当、有作为的官员都十分关心民间疾苦，面对民瘼也无不动情感怀。从范仲淹的"先天下之忧而忧，后天下之乐而乐"到郑板桥的"些小吾曹州县吏，一枝一叶总关情"，从杜甫的"安得广厦千万间，大庇天下寒士俱欢颜"到于谦的"但愿苍生俱饱暖，不辞辛苦出山林"，都充分说明心无百姓莫为"官"，为官必须常怀百姓之忧、常思百姓之苦。在河北省正定县塔元庄村委会办公室里，挂着一副对联："须思官场吃喝一席宴，必耗民间百姓半年粮。"2008 年 1 月，习近平同志视察塔元庄时指出，要用这副对联时刻监督和警醒党员干部，严格自律，多关心百姓疾苦。在习近平同志眼里，扶贫始终是他工作的一个重要内容，牵挂最多、思考最多、花的精力最多。在福建工作期间，他推行"四下基层"作风，强调"弱鸟先飞"意识，提倡"滴水穿石"精神，提出"真扶贫、扶真贫"，推动解决"茅草房"和"连家船"问题。在浙江工作期间，他针对当时欠发达地区发展滞后和仍有大量贫困人口的问题，强调"现代化建设不能留盲区死角，实现全面小康一个乡镇也不能掉队"。习近平同志身体力行、以上率下，带来的是示范、是引领，提醒每一名党的干部要始终牢记，老百姓的"苦"是我们必须时刻放在心头上的"忧"，关心老百姓疾苦、做好老百姓的事情，就是党政干部的头等大事。党员干部要牢记习近平同志的嘱托，始终把人民群众特别是贫困群众的疾苦放在心头，把群众的冷暖作为我们工作的"温度计"，把百姓的期盼作为我们事业的"信号灯",用自己的"辛苦指数"换取群众的"幸福指数",换取农村绝对贫困人口稳定脱贫和贫困县摘帽,换取人民群众实实在在的美好生活。

常谋富民策是关键。思路决定出路,思路一变天地宽。习近平同志早年在河北正定工作时,就曾许下改善当地百姓生活的诺言。为了寻找富民之策,他骑着自行车跑遍了正定的每个村落,扎实细致地了解县情、发现问题、收集民意。通过调研,他发现头戴"高产县"桂冠的正定县由于粮食高征购问题,很多老百姓连温饱都没法保证,于是坚持给中央领导同志写信反映这个问题,经过反映和调查,国家粮食征购任务每年减少 2800 万斤,为调整和改变全县农业结构减轻了压力,也给正定人民以休养生息的机会,这件事让正定人民感念至今。习近平同志把人才作为发展经济的根本,大念"人才经",主持出台《招贤纳士九条规定》,为正定发展聚集了四方人才,并率先提出正定要走"半城郊型"经济发展路子,擘画出正定传统农业结构调整和县域经济产业发展的蓝图,为当地百姓增收致富奠定了坚实基础。当前,中央和各地都在以决战决胜之势打通脱贫攻坚"最后一公里",迫切需要各级党员干部进一步解放思想、开动脑筋,发挥主观能动性,不故步自封、不僵化停滞,因地制宜、统筹兼顾,用脚步丈量广袤大地,用真心聆听群众心声,多为贫困群众增收致富出实招、出硬招,带领人民彻底摆脱贫困,走向更加富裕的美好生活。

12

党中央制定的政策好不好，
要看乡亲们是哭还是笑

2015 年 6 月 16 日，习近平同志在贵州遵义考察时指出："群众拥护不拥护是我们检验工作的重要标准。党中央制定的政策好不好，要看乡亲们是哭还是笑。"习近平同志用通俗形象的语言，强调了党的根本宗旨，重申了党的优良传统和作风，为我们谋事干事成事树立了重要标尺、提供了重要遵循。

看乡亲们是哭还是笑，关注的是群众的利益问题。马克思指出，"思想"一旦离开"利益"，就一定会使自己出丑。我们党在任何时候都把群众利益放在第一位。1927 年秋收起义后，毛泽东同志带领部队向井冈山进发。在上山之前，正值当地红薯收获季节。由于有的战士纪律性不强，肚子饿了就顺手偷吃老乡的红薯。毛泽东同志认为偷吃一个红薯事小，可损害群众利益事大，于是他立即召集队伍，郑重宣布了三大纪律，其中第二条就是"不拿老百姓一个红薯"。他号召大家："我们对于广大群众的切身利益问题，群众的生活问题，就一点也不能疏忽，一点也不能看轻。"民生连着民心，民心系着国运。刘少奇同志"坐在国家主席的位子上，心里总是想着老百姓的小日子"。1960 年 5 月，刘少奇同志到上海闵行视察，偶然听说这里的年轻人因为生活太枯燥而不能安心工作，很是重视。他提出："要尽快搞些娱乐设施，比如电影院、剧院等，都要建起来。"习近平同志曾回忆道，当年在梁家河插队时，发现乡亲们生活十分贫困，经常是几个月吃不到一块肉，他很期盼的事就是通过发展生产，让乡亲们饱餐一顿肉，并且经常能吃上肉。群众的"小问题"不"小"，如果群众的"小问题"得不到解决，就会影响他们的生产生活，影响他们的思想情绪，他们就笑不出来。为政贵在行。要让群众有更多的笑脸，各级党员干部必须把群众利益放在最高位置，想群众之所想、急群众之所急，多为群众排忧解难，多做一些为群众谋利益促发展的事情，让群众真正感受利益得到保障，让老百姓的真心笑容永远长驻。

看乡亲们是哭还是笑，反映的是干部作风问题。党中央制定的政策再好，也要靠广大党员干部去贯彻落实。政策落实得好不好，执行有没有走偏、走样，与广大干部的作风严不严、实不实密切相关。我们党历来高度重视干部作风建设。毛泽东同志在中共八届二中全会上就郑重指出，国家的命运掌握在几十万县委以上的干部手里，我们一定要警惕，不要滋长官僚主义作风，不要形成一个脱离人民的贵族阶层。1979 年 11 月，邓小平同志在一次干部会议上批评了干部特殊化现象。他强调："为了整顿党风，搞好民风，先要从我们高级干部整起。"进入新时代，以习近平同志为核心的党中央把加强作风建设作为切入点，出台八项规定，深入开展党的群众路线教育实践活动、"三严三实"专题教育、"两学一做"学习教育、"不忘初心、牢记使命"主题教育等，着力整治"四风"，干部群众深恶痛绝的一个个问题得到了有力整治。然而也应当看到，当前一些党员干部作风漂浮，"四风"问题还未得到有效根治，有的对党中央作出的决策部署阳奉阴违，搞"上有政策、下有对策"；有的贪图虚名、好高骛远、劳民伤财，"报喜不报忧"，甚至压制百姓"哭声"；有的脱离群众，对解决群众问题浮光掠影、蜻蜓点水，做表面文章等。这些问题不解决，任其发展下去，就会像一堵无形的墙把我们党和人民群众隔开，我们党就会失去根基、失去血脉、失去力量。党员干部特别是领导干部要坚持以上率下、以身作则，带头苦干实干，坚决反对"四风"特别是形式主义、官僚主义，要以群众的表情变化作为镜子，少一些高高在上的架子，少一些"拍脑袋"的做法，少做一些侵害群众利益、让群众伤心流泪的事；多一些亲民的姿态，多一点实地调研式的决策，多一份真心为民服务的情怀，真正以自己的为民务实清廉的作风赢得百姓的笑脸。

看乡亲们是哭还是笑，检验的是政策成效问题。"知屋漏者在宇下，知政失者在草野。"政策是好还是坏，群众感知最真切、体会最深刻，也最有发言权和裁判权。常言道："人民心中有杆秤，是轻是重，一称便知；人民手中有把尺，是长是短，一量便晓。"正如习近平同志指出的："检验我们一切工作的成效，最终都要看人民是否真正得到了实惠，人民生活是否真正得到了改善。"政策要围绕合民意、惠民生来制定。为什么有些地方"好心办了坏事"？为什么一些"民生实事"却被群众评价为"虚头巴脑"？为什么会出现一些华而不实、劳民伤财的"形象工程""面子工程"？很重要的原因就是为民服务的圆心偏了、标尺歪了。政之所要，在乎民心。党员干部要牢固树立正确政绩观，把群众的呼声当成第一信号，把群众的需求看作第一选择，把群众的满意作为第一标准，把群众的称赞作为第一荣誉。想问题、抓工作、作决策既要做让老百姓看得见、摸得着、得实惠的实事，也要做为后人作铺垫、打基础、利长远的好事，努力使一切决策和工作满足群众需求、经得起人民的检验。

⑬

为什么人、靠什么人的问题，是检验一个
政党、一个政权性质的试金石

2016 年 10 月 21 日，习近平同志在纪念红军长征胜利 80 周年大会上强调："为什么人、靠什么人的问题，是检验一个政党、一个政权性质的试金石。"这一重要讲话，告诫了全体党员干部，任何时候都不能忘记我们是人民的政党，任何时候都不能忘记为了人民、依靠人民。这一根本性的要求，重申了中国共产党在新时代的历史使命与宗旨责任，回答了关乎党的事业兴衰成败和生死存亡的根本政治问题，揭示了共产党人崇高的价值追求。

为什么人、靠什么人的问题，试出的是党与人民群众的鱼水关系。所谓鱼水关系，在《论语》中早有论述："鱼失水则死，水失鱼犹为水也。""鱼水"关系作为我们党与群众关系的形象比喻，早已深入人心、深得民心。党是鱼，群众是水。先有水后有鱼，鱼离不开水，水可以没有鱼。我们党从 50 多名成员发展到 9100 多万名成员的大党，从几百个党派、无数"主义"中脱颖而出，把积贫积弱、内忧外患的古老大国带向经济总量世界第二的显赫位置，开启不断发展壮大、走向伟大复兴的历史进程。靠的是什么？靠的就是党一刻也没有离开过人民群众的支持和拥护，就是党和人民

群众的鱼水关系。1949 年 5 月，当民主人士柳亚子先生问及中国共产党迅速打败蒋介石有什么妙计时，毛泽东同志自豪地宣称："人民的支持是最大的妙计。"党的奋斗史，就是一部人民养育党、支持党、帮助党的历史。"最后一碗米送去做军粮，最后一尺布送去做军衣，最后一件老棉袄盖在担架上，最后一个亲骨肉送去上战场。"这首战争年代被老百姓广泛传唱的支前民谣，正是党同人民鱼水情深最生动的诠释。爱人者，人恒爱之。我们党来自人民，是人民把党养育大，党对人民始终怀有深厚的感情。毛泽东同志后来指出："党群关系好比鱼水关系。如果党群关系搞不好，社会主义制度就不可能建成；社会主义制度建成了，也不可能巩固。"这就一语道破了党群干群"鱼水关系"之真谛。这一金句告诫党员干部，只有始终保持同人民群众的鱼水关系，党才能得到最广大人民群众的拥护，才能筑牢党的执政基础。因此，广大党员干部要坚持一切为了人民、一切依靠人民，以深厚的感情对待人民群众，多进百家门，多喝百家水，多聊百家事，多帮百家忙，真心实意地为百姓谋利益，使党同人民群众的鱼水关系更为融洽、更加牢靠。

为什么人、靠什么人的问题，试出的是党与人民群众的血肉关系。人民群众是我们党的力量源泉和胜利之本，能否始终保持同人民群众的血肉联系，直接关系党和国家的盛衰兴亡。在党的第一次全国组织工作会议上，刘少奇同志在判断当时党员的状况时指出，我们的党在下层"和人民群众打成一片，建立了血肉相连的关系"。从 1949 年开国大典上毛泽东呼喊"人民万岁"到邓小平同志"一切以人民利益作为每一个党员的最高准绳"，从江泽民同志"代表最广大人民的根本利益"到胡锦涛同志"发展为了人民、发展依靠人民、发展成果由人民共享"，再到习近平同志的"人民对美好生活的向往，就是我们奋斗的目标"，纵观党近百年的光辉历史，就是一部党同人民群众血肉相连、生死相依、患难与共的历史。血和肉，是生命存在的根本，人有血有肉才有生命，因此必须同生死、共荣辱。党与人民群众保持血肉联系，是我们党的生命和力量所在，也是党不断从胜利走向胜利的奥秘所在。这一金句告诫党员干部，党和人民不可分离，也无法分离，什么时候党的群众路线执行得好，党群关系密切如血肉，我们的事业就顺利发展；什么时候党的群众路线执行得不好，党群关系受到损害，我们的事业就遭受挫折。广大党员干部必须坚决克服各种脱离群众的弊病，不断密切同群众的联系，使血与肉更加紧密地联结在一起，形成更强大、更旺盛的战斗力。

为什么人、靠什么人的问题，试出的是党与人民群众的舟水关系。一条小船，诞生了一个大党。自 1921 年党诞生于嘉兴南湖的一条小船上，近一百年来，中国共产党为什么能够成为领导中国革命、建设、改革事业的核心力量？为什么能够承担起中国人民和中华民族的历史重托？为什么能够在剧烈变动的国际国内环境中立于不败之地？根本原因就在于将党的事业与实现人民利益统一起来，将尊重社会发展规律与尊重人民历史主体地位统一起来，将为崇高理想奋斗与为最广大人民谋幸福统一起来。中国共产党成为执政党，不是自封的，而是在长期革命斗争中形成的，是历史的选择、人民的选择。中国共产党执政后，顺应时代潮流，顺应人民愿望，始终代表最广大人民利益，始终保持同人民群众的密切联系，使中华民族大踏步迈向现代化，使中华文明在现代化进程中焕发出新的勃勃生机，也使党的执政地位坚如磐石。相反，为什么苏联共产党这样一个执政 74 年、领导着一个超级大国和世界最强大之一的军队、拥有 1900 万名党员的庞然大党，一夜之间轰然垮掉，群众甚至认为苏联共产党员"无一是男儿"，冷眼旁观、无人出来抗争，有的还为此喝彩叫好？其中一个重要原因，就是苏联共产党的党员干部由"人民公仆"蜕变为"人民的主人"，漠视群众利益，严重脱离群众，最终沦为被人民掀翻的舟。这一金句告诫党员干部，水能载舟，亦能覆舟。党是舟，人民是水。只有我们把群众放在心上，群众才会把我们放在心上；只有我们把群众当亲人，群众才会把我们当亲人。必须始终牢记，我们的航船行驶在人民群众的汪洋大海上，只有始终为了群众、相信群众，坚决依靠群众、服务群众，我们才能在任何时候任何情况下都不惧任何惊涛骇浪，才能驶向中华民族伟大复兴的光明彼岸。

（14）

中国共产党人的初心和使命，就是为中国人民
谋幸福，为中华民族谋复兴

2017 年 10 月 18 日，习近平同志在中国共产党第十九次全国代表大会上指出："中国共产党人的初心和使命，就是为中国人民谋幸福，为中华民族谋复兴。"初心是使命的本原根源，使命是初心的延伸升华。初心和使命是烙刻在中国共产党人灵魂深处的崇高精神和价值基因，集中体现了共产党人不负重托、主动担当、勇于奉献的优秀品格，成为中国共产党永葆战斗力、凝聚力、创造力的重要法宝。

共产党人的初心和使命，不是凭空产生的，而是来自人民的期盼、民族的重托。国兴则家荣，国衰则我耻。中华民族对伟大复兴的愿望，产生于被列强欺侮；中国人民对幸福生活的追求，来自近代以来遭受的苦难。毛泽东同志曾指出："我国从 19 世纪 40 年代起，到 20 世纪 40 年代中期，共计 105 年时间，全世界几乎一切大中小帝国主义国家都侵略过我国，都打过我们。"为挽救民族于危难之际，拯救人民于水火之中，近代以来无数仁人志士在苦难中彷徨，在黑暗中摸索，不断寻求救国救民的出路，无论是轰轰烈烈的洋务运动还是震惊中外的戊戌变法，无论是轰动一时的太平天国运动还是"百年锐于千载"的辛亥革命，最终都以失败告终。谁挽狂

澜？谁主沉浮？在中国遭遇"数千年未有之大变局"的时代背景下，中国
共产党应运而生。我们党一经成立，就承载着人民的期盼、民族的重托，
就把实现为中国人民谋幸福、为中华民族谋复兴作为自己的初心和使命，
明确写在了党的纲领上。也正是在这个初心和使命的驱动下，我们党完成
了开天辟地的壮举，谱写了战天斗地的壮歌，绘就了改天换地的画卷。人
民的期盼、民族的重托，共产党人始终牢记在心、扛在肩上，始终保持重
整行装再出发的精神状态，始终保持从不曾停下"赶考"的步伐，一路栉
风沐雨、砥砺奋进。

　　共产党人的初心和使命，不是别人强加的，而是源自高度自觉的政治
担当。初心承载使命，使命呼唤担当。在悼念井冈山红军将领王尔琢的挽
联中，毛泽东同志写道："生为阶级，死为阶级，阶级后如何？得到胜利方
始休！"这里，"生为阶级，死为阶级"，深刻诠释了我们的党为工农大众、
为人民群众甘于牺牲、矢志奋斗的豪迈大气和坚定不移。这种政治担当如
果不是自觉的、主动的，是不可能如此洒脱、如此行动自然的。毛泽东同
志在《政治周报》发刊词中写道，共产党人革命就是"为了使中华民族得
到解放，为了实现人民的统治，为了使人民得到经济的幸福"。南昌起义之
后，贺龙同志根据党的指示返回家乡开展武装斗争。他的一个叔父问他：
"跟着共产党图个啥？"贺龙同志坚定地回答："我要的不是个人的前程，我
要的是国家民族和劳苦大众的前程。"党一心为人民，自觉为人民付出一
切而不计回报。党的七大把全心全意为人民服务提到唯一宗旨的高度，确
立了为人民服务思想在党的人民政权建设中的重要地位，为全党所共同认
可并身体力行。这个全心全意，是高度自觉的全心全意、心甘情愿的全心
全意。

　　共产党人的初心和使命，不是喊喊口号，而是为人民实打实地奉献和
牺牲。无私奉献精神是共产党人永恒的主题和本色。不负初心、不辱使命，

靠的就是千千万万共产党人不畏牺牲、无私奉献。"断头今日意如何，创业艰难百战多"，陈毅元帅的诗句是对党波澜壮阔而又艰难曲折历程的生动描述。艰难困苦，玉汝于成。党历经无数艰难困苦、坎坷曲折，每一段征程都洒下了无数共产党人的鲜血和汗水。革命战争年代，共产党人冲锋在前、退却在后，为了民族独立和人民解放出生入死、不怕牺牲。据新中国成立之初的普查，从中国共产党成立之日算起，全国为革命牺牲的共产党员和革命仁人志士就有 2100 万人之多。社会主义建设和改革开放时期，我们能看到乐于助人、奉献社会的平民英雄雷锋，能看到心里永远装着别人、唯独没有他自己的县委书记的好榜样焦裕禄，能看到甘愿吃苦、忘我工作的时代楷模孔繁森，能看到廉洁从政、艰苦奋斗的为民书记郑培民，能看到生命一分钟、敬业六十秒的好干部牛玉儒，能看到一辈子追求理想、一辈子为人民服务的杨善洲……正是无数优秀共产党员，一心只为老百姓，始终淡泊名利，不惜奉献自己的青春年华，甚至最宝贵的生命，才续写了一篇篇感天地、泣鬼神的无私奉献之歌，铸就了一座座光耀千秋的不朽丰碑！

一代人有一代人的长征路，一代人有一代人的使命担当，但始终不变的是共产党人为中国人民谋幸福、为中华民族谋复兴的初心和使命。今天，我们比历史上任何时期都更接近、更有信心和能力实现中华民族伟大复兴的目标。但前进道路上绝不是轻轻松松、敲锣打鼓、凯歌高奏的，实现中华民族伟大复兴中国梦，要求我们党团结带领人民有效应对重大挑战、抵御重大风险、克服重大阻力、解决重大矛盾，进行具有许多新的历史特点的伟大斗争；深入推进党的建设新的伟大工程，确保我们党始终走在时代前列、永葆旺盛生命力和强大战斗力；围绕中国特色社会主义这个改革开放以来党的全部理论和实践的主题，增强道路自信、理论自信、制度自信、文化自信，推进伟大事业。这就需要我们"一切向前走，都不能忘记走过的路；走得再远、走到再光辉的未来，也不能忘记走过的过去，不能忘记为什么出发"，需要我们始终坚持以初心砥砺前行的勇气，以使命鼓舞奋发的斗志，保持永不懈怠的精神状态和一往无前的奋斗姿态，甘于付出更为艰巨、更为艰苦的努力，勇于战胜各种艰难险阻、风险挑战，继续强化自觉履职尽责的历史担当，永远做人民公仆、时代先锋、民族脊梁，奋力谱写无愧于时代和人民、无愧于初心和使命的辉煌篇章！

15

时代是出卷人，我们是答卷人，
人民是阅卷人

　　人民，只有人民才是历史的创造者；人民，只有人民才是执政党的检验者和阅卷人。2018 年 1 月 5 日，习近平同志在新进中央委员会的委员、候补委员和省部级主要领导干部学习贯彻习近平新时代中国特色社会主义思想和党的十九大精神研讨班开班式上指出："时代是出卷人，我们是答卷人，人民是阅卷人。"这一精辟论述，深刻揭示了三者的辩证统一关系，彰显出共产党人彻底的唯物主义精神、强烈的历史担当和深厚的人民情怀。

　　时代是出卷人。不同时代有着不同时代的矛盾和问题，处在不同时代的人们总是在承担着所处时代赋予的不同使命和担当。鸦片战争以后，中国陷入内忧外患的艰难处境，中国人民经历了山河破碎、民不聊生的深重苦难，开创救国救民的道路、挽救民族命运于危亡成为时代的最强音；中华人民共和国成立初期，面对经济上国民党留下的千疮百孔的烂摊子，国际上美帝国主义政治上孤立、军事上封锁包围、妄图扼杀新中国于摇篮之中，如何巩固人民政权、恢复经济和建设新中国，如何让人民过上和平安定的生活是时代的呼唤；改革开放初期，面对"文化大革命"后经济濒临崩溃的边缘，国家建设百业待兴，如何作出历史性决策，探索一条新的发展道路，带领人民尽快摆脱贫穷走向富裕，是摆在时代最前沿的课题；进入新时代，人民日益增长的美好生活需要和不平衡不充分的发展之间的矛盾，已经成为我国社会的主要矛盾。"时代是出卷人"，这就告诫着我们：时代不断带来发展新要求、新课题，我们要成为时代的弄潮儿、时代的奋进者，就必须直面时代的现实需要，树立强烈的时代问题意识，拿出担当、拿出勇气、拿出干劲，从容剖析时代课题，找准时代前行路标，坚持不忘初心、砥砺前行，奋力把民族复兴的伟大事业推向前进。

　　我们是答卷人。时代出卷、时代出题，谁来答卷答题？中国共产党是中国工人阶级的先锋队，同时也是中华民族和中国人民的先锋队，中国共产党从诞生以来，就一直在回答时代考问。70多年前，党中央离开西柏坡前往北平时，毛泽东同志意味深长地说："今天是进京赶考的日子。"他所说的"赶考"，就是要回答时代之问。回顾我们党近百年的奋斗历程，实际上就是不断回应时代需求、响应时代呼唤、化解时代矛盾，带领全国人民攻坚克难，不断开拓奋进的过程。经过几代共产党人的艰苦探索和改革图强，中华民族早已旧貌换新颜，迎来了从站起来、富起来到强起来的伟大跨越。习近平同志说过："功成名就时做到居安思危、保持创业初期那种励精图治的精神状态不容易，执掌政权后做到节俭内敛、敬终如始不容易，承平时期严以治吏、防腐戒奢不容易，重大变革关头顺乎潮流、顺应民心不容易。"伟大梦想不是等得来、喊得来的，而要靠一代代人前赴后继拼出来、抓铁有痕干出来。我们作为"答卷人"，必须主动顺应时代要求，时刻保持革命精神、革命斗志，不因胜利而骄傲，不因成就而懈怠，不因困难而退缩，不驰于空想、不骛于虚声，以钉钉子的精神，以更加饱满的热情和干劲，以对历史和人民高度负责的精神，全面提高过硬本领和执政水平，把真正造福人民作为最大政绩，在960万平方千米的祖国大地上不断建立新时代的丰功伟业，努力向历史、向人民交出新的更加优异的答卷。

　　人民是阅卷人。任何政党的前途和命运最终都取决于人心向背。人民是我们党的工作的最高裁决者和最终评判者。正是人民公正的"阅卷"、裁判，才使得蒋介石国民党被淘汰出局、丧失政权；也正是人民公正的"阅卷"、裁判，才使得中国共产党走上执政舞台。我们一切工作的成效，最终都要看人民是否真正得到了实惠，所有"答卷"都要合乎客观规律，合乎人民意愿，合乎人民利益，不能"跑题""偏题"，否则就会南辕北辙、越走越远、被人民所抛弃。在现实生活中，群众是否真正得到了实惠，是否真心满意我们的工作，赢得的是"好评"还是"差评"，是立起"口碑"还是招来"口水"，取决于我们交出的"答卷"。焦裕禄同志曾经深有体会地说："咱们不能光看领导的脸色，还是要看看群众的脸色。"习近平同志强调："党中央制定的政策好不好，要看乡亲们是哭还是笑。要是笑，就说明政策好。要是有人哭，我们就要注意，需要改正的就要改正，需要完善的就要完善。"群众的"脸色"是风向标，群众的表情是晴雨表，喜怒哀乐写在脸上，党员干部要善于读懂群众"脸色"这部生动的教科书，时刻牢记"赶考"永远在路上，"人民群众"这位严厉的考官时刻注视着我们，是进步还是退步，都逃不过他们的"火眼金睛"。要想继续当"优等生"，就只能把功夫用在平时，脚多沾沾泥土，屁股多坐坐土炕，多和群众交交心，多为人民办实事。

16

人民是我们执政的最大底气

2018 年 12 月 31 日，习近平同志在发表 2019 年新年贺词时强调："人民是我们执政的最大底气。"这一掷地有声的话语，饱含自信与豪情，激荡光荣与梦想，体现着大国领袖的人民情怀，贯穿着一如既往的人民立场，表露了中国共产党强烈而鲜明的执政自信，彰显了一个百年大党最大的政治优势。

我们的底气，来自人民的全力支持。底气源于自信，自信源于实力。古今中外，任何政治力量、任何政权产生、存在、发展的依据，胜败兴衰的症结，都在于能否得到最广大人民群众的支持和拥护，谁能得到最广大人民群众的支持和拥护，谁就有了执政的最大底气。回顾党的奋斗历程，之所以能够由小到大、由弱变强，攻克一个又一个看似不可攻克的难关，创造一个又一个彪炳史册的人间奇迹，最根本原因在于，党干革命、搞建设、抓改革，都是为了人民，因此能获得最广大人民的支持和拥护。革命战争年代，无论是将 8 个儿子全部送去参加红军的苏区老农，湍流中用生命摆渡红军的大渡河船工，还是扎起三道"天花"（用松柏和鲜花做的牌坊）迎接红军的硗碛藏民，人民是永远打不断的"补给线"、摧不垮的"根据地"，也是最坚实的靠山。党发展社会主义事业，人民群众是最坚定的拥护者、支持者、推进者。从全国掀起真理标准大讨论到实行家庭联产承包责任制，从发展个体私营经济到深化国资国企改革等，无一不是依靠人民"摸着石头过河"，充分汲取亿万人民群众的智慧和力量，充分发挥最广大人民群众的积极性、主动性、创造性，改革开放才取得一个又一个的伟大胜利。反观国民党之所以丧失政权、溃逃台湾，归根结底是与人民离心离德、失去了民心，最终被人民所抛弃。历史充分证明，得民心者得天下，争取最广大人民群众的支持，是我们党成功推进各项事业的奥秘所在。正如习近平同志所说的："只要始终站在人民立场上，赢得最广大人民衷心拥护，就能构筑起众志成城的铜墙铁壁。"

我们的底气，来自人民的真心拥护。毛泽东曾指出："政策和策略是党的生命。"这深刻揭示了一个颠扑不破的道理：对于一个政党、一个国家、一项事业，政策正确了，才能充满活力，胜利前进；政策错误了，就会失去生机，遭受挫败。生命所系，存亡一线，政策的作用极其重大。一项好政策是联系党和群众的桥梁，更是体现执政为民的真实反映。党中央制定的政策好不好，要看乡亲们是哭还是笑。党的政策好，乡亲们就会笑，党就会得到他们最给力的拥护和支持。回顾党的历史，我们在新民主主义革命时期，确立了民族独立、国家富强，推翻"三座大山"，建立独立国家的最低纲领；社会主义建设时期，为了摆脱贫穷落后、积贫积弱的落后帽子，我们规划了"四个现代化"宏伟蓝图；改革开放以来，我们党确立了全面建设小康社会目标、"两个一百年"奋斗目标。党的政策就是人民的政策，人民至上的观念贯穿我们政策制定的始终，党制定的各项正确路线方针政策的出发点和落脚点，都是为了造福人民，为了实现好、维护好、发展好最广大人民的根本利益，也正因为如此，才得到了最广大人民的拥护和支持，使党的各项政策能够顺利落地生根，我们才有了最大的执政自信和底气。

我们的底气，来自人民的衷心爱戴。"他活着为了多数人更好地活着的人，群众把他抬举得很高，很高。"臧克家在诗歌《有的人》中热情讴歌了"为了多数人更好地活着的人"，是最受人民爱戴的人。共产党人没有自己的私利，始终把人民放在第一位，就是"为了多数人更好地活着的人"。在毛泽东同志看来，"共产党人的一切言论行动，必须以合乎最广大人民群众的最大利益，为最广大人民群众所拥护为最高标准"。他不仅身体力行，而且经常告诫共产党人，一定要每日每时关心群众利益，时刻想到人民群众的迫切要求。凡是违背这两条的，一定行不通，一定要失败。战争年代物资匮乏，他反复强调："我们有困难，人民更困难，我们任何时候都首先要想到人民，我们宁可自己吃苦菜，也要把粮食分给群众，宁可自己盖稻草，也要把衣被分给人民。"正是因为毛泽东同志始终把自己看作人民的公仆和勤务员，尽心竭力为人民群众办实事，他赢得了全党全国各族人民的爱戴和敬仰，形成了崇高的政治威望和执政自信。典型本身就是一种政治力量。不论是人民领袖还是普通党员，党在不同时代有不同的榜样人物，如"生的伟大，死的光荣"的刘胡兰，"为人民利益而死"的张思德，抗美援朝战场上的邱少云、黄继光、罗盛教、杨根思，一心为民、淡泊名利的"人民好公仆"孔繁森、郑培民、牛玉儒、杨善洲等。他们都是一面面引领时代潮流的旗帜，也是一代又一代共产党人登高一呼、云集者众的底气来源。党的十八大以来，习近平同志以非凡的政治智慧和深厚的人民情怀，带领全党全军全国各族人民开创了中国特色社会主义新时代，推动党和国家事业取得历史性成就、发生历史性变革，展现出巨大的政治勇气、坚定的意志品质、强烈的责任担当。实践充分证明，习近平同志是全党拥护、人民爱戴、当之无愧的人民领袖。人民领袖爱人民，人民领袖人民爱。正是在以习近平同志为核心的党中央坚强领导下，人民同心同德、万众归心，党的凝聚力、号召力空前增强，党的执政自信和底气再次达到一个历史新高度。

17

我将无我，不负人民

2019年3月22日，习近平同志在回答意大利众议长菲科关于"当选中国国家主席的时候，是一种什么样的心情"的提问时说："这么大一个国家，责任非常重、工作非常艰巨。我将无我，不负人民。我愿意做到一个'无我'的状态，为中国的发展奉献自己。"

"无我"是中国哲学的精神，是超越某种局限的精神境界。佛家、道家讲"无我"，更多是指破除自我执念、摒弃功名束缚，追求绝对自由、物我相忘的境界。与古代圣贤倡导的"无我"不同，习近平同志讲"我将无我"，并将其与"不负人民"相结合，短短八个字，精辟地道出了中国共产党人精神世界的辩证法，深刻诠释了全心全意为人民服务的根本宗旨，也让人民领袖的大爱情怀、大公境界和大勇担当跃然而出。

这是一种大爱无疆的真挚情怀。古人云："德莫高于爱民，行莫高于利民。"对于共产党人而言，之所以"我将无我"，正是为了"不负人民"。这是爱的最高境界，是一种最深沉、最纯粹的感情。这种大爱，是初心的坚守，是信仰的践行，是对党的宗旨的深刻诠释。共产党人在革命年代为人民寻求解放而抛头颅、洒热血，建设时期为人民过上温饱日子而抓生产、搞建设，改革开放时期为人民过上幸福生活而积极进取、开拓创新。一路走来，共产党人无不践行着全心全意为人民服务的宗旨意识，无不表现出"爱的最高境界就是爱人民"的博大情怀。求木之长，必固其根。习近平同志对人民始终念兹在兹，老百姓在他心里始终是天、是地，有着最重的分量。正如他多次强调的："对于我们共产党人来说，老百姓是我们的衣食父母……要像爱自己的父母那样爱老百姓，为老百姓谋利益，带老百姓奔好日子。""我们一定要始终与人民心心相印、与人民同甘共苦、与人民团结奋斗。""把群众的安危冷暖时刻放在心上。"这些话语朴实简洁，饱含着对人民的真挚情感。他是这么说的，一路走来也是这样做的。在梁家河的七年里，他种地、拉煤、打坝、挑粪……他"看到了人民群众的根本，真正理解了老百姓"；在河北正定，他实现了改善农民生活的承诺；在福建，他跑遍乡村推行"四下基层"制度……走上党和国家领导人岗位后，他一直不忘来路，践行着自己的初心，深入基层听民声、察民情、思国策，足迹几乎踏遍了祖国的大江南北。这种为民情怀，也正是达到"无我"状态的动力源泉。广大党员干部亲民爱民为民，就要像习近平同志那样，始终把人民利益摆在至高无上的地位，把人民对美好生活的向往作为奋斗目标，坚持全心全意为人民服务的宗旨意识，真正把人民群众的疾苦放在心上，成为党联系人民群众的纽带和桥梁，扎扎实实为人民群众办好事、办实事。

这是一种大公无私的至高境界。共产党人的"无我"，强调的是不计得失、不谋私利、一心为公、忘我奉献的高尚品质。中国共产党人是最讲奉献的。在我们党的历史征程中，在党和人民事业成长、发展、壮大的每一步，都有共产党人默默无闻的无私奉献。为了党的事业、为了劳苦大众，以小我成全大我、以大我成就"无我"。"拼却头颅血浮舟，赢得自由满神州。"那是长征路上的红军军需处长，首先想的是战士们的吃穿，自己在路旁冻成一座"冰雕"；那是走向刑场的江姐，为了保守党的秘密，她甘愿忍受一切痛苦的折磨；那是舍身炸碉堡的董存瑞，为了人民的翻身解放，他毅然拉响了炸药包……他们用鲜血和生命践行了为党和人民的利益奉献一切、牺牲一切的庄严承诺，不仅树起了共产党人的旗帜和标杆，也挺起了中华民族的脊梁。公者千古，私者一时。想清楚这个道理，面对名利诱惑、钱财诱惑，面对一己之私、个人利益时就能心存定力，不再犹豫和徘徊。何况连古代封建士大夫都有"先天下之忧而忧，后天下之乐而乐""安得广厦千万间，大庇天下寒士俱欢颜"的情怀，今天的党员干部，作为人民的公仆、人民的勤务兵，就更要以天下为己任，以国为重、以家为轻，以民为重、以我为轻。只有这样，才能树立正确的是非观、义利观、权力观、事业观，才能凝聚民心共圆中国梦。

这是一种大勇无畏的责任担当。家国天下，舍我其谁！ 1919 年，毛泽东同志在《湘江评论》中写道："天下者，我们的天下；国家者，我们的国家；社会者，我们的社会。我们不说，谁说？我们不干，谁干？"敢于担当、勇于奉献，是中国共产党人的鲜明底色。"无我"，最终还是要落实到担当、责任上，离开了担当、责任，谈"无我"，苍白无力，毫无意义。党的十八大召开后，习近平同志首次以总书记的身份同中外记者见面时，就斩钉截铁地宣示"责任重于泰山，事业任重道远"，并把新的中央领导集体的使命概括为三个责任：对民族的责任、对人民的责任、对党的责任。如此重任，如果没有一种大无畏的担当精神，是难以承受的。我们常说，共产党人是用特殊材料做成的。每到关键时刻，总有许多党员干部为国家、为人民，义不容辞，挺身而出，哪里有困难、哪里最危险，哪里就有他们的身影，比如，"砍头不要紧，只要主义真"的夏明翰们，不顾个人名利投身核试验的邓稼先们，因积劳成疾倒在工作岗位上的沈浩们……他们用生命标定了永不磨灭的精神坐标，为共产党人"无私无我，无畏担当"写下了生动注脚。有多大担当能干多大事业，尽多大责任才会有多大成就。正如习近平同志指出的："是否具有担当精神，是否能够忠诚履职、尽心尽责、勇于担责，是检验每一个领导干部身上是否真正体现了共产党人先进性和纯洁性的重要方面。"带领 14 亿多人全面建成小康社会，实现中华民族伟大复兴中国梦，使命光荣，任重道远。党员干部只有做到"事不避难，义不逃责"，拿出敢为人先的胆略、啃硬骨头的勇气、咬定青山不放松的韧劲，以"功成不必在我"的精神境界和"功成必定有我"的历史担当，真抓实干、勇挑重担，才能完成时代和人民赋予我们的重要使命

18

让老百姓幸福就是党的事业

2019 年 8 月 21 日，习近平同志在甘肃省武威市古浪县黄花滩生态移民区富民新村考察调研时强调："党的一切工作都是为老百姓利益着想，让老百姓幸福就是党的事业。"这一金句，饱含深意、内蕴深刻、立意深远，体现了习近平同志心系苍生、念兹在兹的为民情怀，体现了我们党矢志不渝为人民谋利益的博大胸襟和真挚情怀。

它回答了党的事业是什么、为了谁的问题。所谓事业，是指人们或者组织所从事的，具有一定目标、规模和系统的，对社会发展有影响的经常活动。"为了谁"，是一个立场问题，也就是"站在谁的角度、替谁说话、为谁办事"的问题。毛泽东说过："共产党员是一种特别的人，他们完全不谋私利，而只为民族与人民求福利。"邓小平同志曾讲："中国共产党员的含意或任务，如果用概括的语言来说，只有两句话：全心全意为人民服务，一切以人民利益作为每一个党员的最高准绳。"习近平同志指出："我们所做的一切都是为人民谋幸福，为民族谋复兴，为世界谋大同。"毛泽东之所以一直是人民心中的"红太阳"，根本原因在于他一生都在"为人民谋幸福"。习近平同志之所以成为人民热爱的领袖，根本原因也在于他始终把"人民对美好生活的向往作为奋斗目标"。可见，为人民谋幸福是中国共产党人的一贯主张，是中国共产党的永恒事业。我们党所进行的一切奋斗，归根到底就是为人民谋幸福。

它昭示了党的性质与宗旨、初心与使命。我们党来自人民、根植人民、服务人民，除了中国人民、中华民族的利益，党没有任何自己的特殊利益。全心全意为人民服务是党的根本宗旨，为人民谋幸福是党永恒不变的初心和使命。正如革命年代有老百姓说，什么是共产党？共产党就是自己有一条被子，也要剪下半条给老百姓的人。我们党成立近一百年来，正是怀揣这样的初心、保持这样的恒心，抛头颅、洒热血干革命，敢拼搏、战天地搞建设，当先锋、闯新路促改革，目的就是让老百姓幸福、让人民过上好日子。回顾过去，"让老百姓幸福"是我们党革命、建设和改革事业不断取得胜利的根本目的；展望未来，"让老百姓幸福"是中国特色社会主义伟大事业不断取得新胜利的根本保证。广大党员干部要正确认识这一金句的深刻内涵，坚持把老百姓的幸福放在心中最高位置，化初心为恒心、化使命为担当，笃行"民之所好好之，民之所恶恶之"，党的事业就一定会更加兴旺发达、更加充满生机活力。

它揭示了广大党员干部干事创业的出发点和落脚点。党的事业、人民的事业、社会主义事业，都是干出来的。广大党员干部干事创业，只有以为人民谋利益、谋幸福作为出发点，以人民群众有获得感、幸福感、安全感为落脚点，才能获得人民群众的信任和支持。中国特色社会主义进入新时代，我国社会主要矛盾已经转化为人民日益增长的美好生活需要和不平衡不充分的发展之间的矛盾。这就要求党员干部干事创业，必须坚持以人民为中心的发展思想，坚持把群众期盼作为工作导向，围绕人民群众对美好生活向往的各方面需要持续发力、久久为功，在经济发展的基础上不断加大保障民生的力度，统筹推进教育、就业、收入分配、社会保障、住房保障、医疗保障等各方面各领域民生工作，切实满足人民群众在经济、政治、文化、社会、生态文明等各方面的需求。反过来说，如果人民群众哪些方面感觉不幸福、不快乐、不满意，我们的工作就要从这些方面下大功夫、真功夫、实功夫，千方百计为群众排忧解难，建立健全长效机制，使人民群众的获得感幸福感安全感更加充实、更有保障、更可持续。

第四章

品思为民用典

中华优秀传统文化是中华民族的精神命脉，积淀着中华民族最深层次的精神追求，承载着中华民族的精神基因。党的十八大以来，习近平同志率先垂范，大力传承中华优秀传统文化，运用中华优秀传统文化治国理政。习近平同志惯于用典、善于用典、精于用典，堪称"用典大家"。无论是在早期的《摆脱贫困》《之江新语》《干在实处　走在前列》中，抑或是在党的十八大以后发表的一系列重要讲话、文章和作出的批示指示中，他对中华优秀传统文化中的名言警句和历史典故都信手拈来、运用自如，并巧加点化、古为今用、推陈出新，赋予古代经典以鲜活的时代内涵和当代价值，彰显了中华优秀传统文化的博大精深，增强了讲话和文章的说服力、表现力、感染力，给人以深刻启迪。这其中，习近平同志多借鉴引用闪耀着古代民本思想光芒的典故、诗词，从中汲取治国理政的思想和智慧，并以辩证唯物主义科学态度进行扬弃，彰显以人民为中心的发展思想，实现了对传统民本思想的历史性超越。通过梳理和品思这些为民用典，我们能够深切感受到习近平同志重要讲话和著述深厚的人文积淀、深邃的历史视野，深切感受到习近平同志对中华优秀传统文化中以民为本、安民富民乐民思想的透彻领悟和深刻把握，深切感受到习近平同志坚定的人民立场和真挚的为民情怀，从而进一步树牢宗旨意识、坚定理想信念、增强文化自信、获取精神力量，更好地不忘初心、牢记使命，不负人民、继续前进。

1

天地之大，黎元为先

2015 年 10 月，习近平同志在党的十八届五中全会第二次全体会议上的讲话中指出："全面建成小康社会突出的短板主要在民生领域，发展不全面的问题很大程度上也表现在不同社会群体民生保障方面。'天地之大，黎元为先。'要按照人人参与、人人尽力、人人享有的要求，坚守底线、突出重点、完善制度、引导预期，注重机会公平，着力保障基本民生。"

"天地之大，黎元为先"，出自唐代李世民的《晋宣帝总论》，意思是说，天地虽然广袤无限，但是黎民百姓才是国家的根本。这体现了唐太宗李世民以民为重的治国理念。实际上，《贞观政要》一书也多次记载了李世民对以民为本的看法。比如："舟所以比人君，水所以比黎庶。水能载舟，亦能覆舟。""凡事皆须务本，国以人为本，人以衣食为本。""为君之道，必须先存百姓。若损百姓以奉其身，犹割股以啖腹，腹饱而身毙。"正是在这样的民本思想观念的引领下，李世民制定和实施了一系列从民欲、顺民心、促民安的政策和措施，并带头崇尚节约，杜绝奢靡，开创了"贞观之治"。

对人民地位的认知，在中国封建社会由来已久。从孟子的"民贵君轻"，到荀子的"君舟民水"；从董仲舒的"天立王以为民"，到黄宗羲的"民主君客"，重民爱民成为历代王朝宣称的基本政治原则之一。但是，古代民本思想的本质还是为了缓和阶级矛盾，维护统治阶级利益，维护封建的剥削制度，具有明显的历史和阶级局限性。直到有了中国共产党，才把人民群众放到前所未有、至高无上的地位。马克思主义认为，人民群众是社会历史的创造者，是社会物质财富和精神财富的创造者，当然也应当是社会财富和社会权利的享有者。我们党以马克思主义为立党之本，以实现共产主义为最高理想，以全心全意为人民服务为根本宗旨，除了人民的利益，没有自己特殊的利益。毛泽东同志强调，人民是历史的主体，是社会前进的根本动力，并将"全心全意为人民服务"作为中国共产党人基本的价值追求。邓小平同志提出以"一个中心、两个基本点"为核心内容的党在社会主义初级阶段的基本路线，目的就是满足人民日益增长的物质文化需要。江泽民同志提出中国共产党要"始终代表中国最广大人民的根本利益"。胡锦涛同志强调以人为本是科学发展观的核心。习近平同志强调，"人民是真正的英雄""国家一切权力属于人民"，必须"坚持以人民为中心""始终把人民放在心中最高位置"。这些思想观点，深刻表露出共产党人对人民的尊崇和热爱，宣示了我们党的根本政治立场。特别是"坚持以人民为中心"这一定位，是对"天地之大，黎元为先"等传统民本思想的继承和超越，体现了坚持人民主体地位的马克思主义政党最高原则，彰显了中国共产党执政的最大政治优势。

　　坚持"黎元为先"，必须坚持人民立场为先。人民立场是马克思主义政党的根本立场，是马克思主义政党区别于其他政党的显著标志，是我们党的优良传统和鲜明政治品格，也是我们党带领人民取得一个又一个胜利的重要法宝。今天，我们不忘初心、牢记使命，在实现中华民族伟大复兴新征程上继续前进，必须像习仲勋同志所讲的那样，"要把屁股端端地坐在老百姓的这一面"，时刻站在人民的立场上想事情、看问题、谋思路、做决策，把人民拥护不拥护、赞成不赞成、高兴不高兴、答应不答应作为衡量一切工作得失的根本标准，尽心竭力为人民群众解决难题、增进福祉，不断增强人民群众的获得感幸福感安全感。

坚持"黎元为先"，必须坚持人民利益为先。人民的利益高于一切，是共产党人的根本价值取向。正如毛泽东同志所指出的："共产党员是一种特别的人，他们完全不谋私利，而只为民族与人民求福利。"我们党作为马克思主义政党，全部理论和实践的出发点和落脚点都是为了实现好、维护好、发展好最广大人民的根本利益。无论是干革命、搞建设，还是抓改革、促发展，都是为人民谋利益，让人民过上好日子，让发展成果更多更公平惠及全体人民。党员干部尤其是领导干部要始终把人民利益摆在最高位置，胸怀强烈的忧民、爱民、为民、惠民之心，察民情、接地气，随时随地倾听人民呼声、反映人民诉求、回应人民关切，着力解决上学难、住房难、就业难、看病难、办事难等人民群众反映强烈的问题，让人民群众高兴、满意，千方百计帮助困难群众解决生产生活中的实际问题，让他们感受到社会主义大家庭的温暖。

坚持"黎元为先"，必须坚持密切联系群众为先。中国共产党近百年的光辉历程启示我们，始终保持同人民群众的血肉联系，是我们党巩固根基、汲取力量、永远立于不败之地的根本途径。辽沈战役中，解放军战士虽然饥渴却坚持不吃老百姓一个苹果。人民群众正是从共产党军队的每个爱民行动上，认清了人民军队的性质和宗旨，因而踊跃参军参战、支援前线，仅支援前线的群众就达180多万人，车辆达12.9万多辆，送到部队的粮食超过5500万公斤，为辽沈战役的最终胜利作出了不可磨灭的贡献。每个党员干部都必须深刻认识到党的根基在人民、血脉在人民、力量在人民，始终坚持一切为了群众、一切依靠群众，从群众中来、到群众中去的群众路线，努力适应新形势下群众工作新特点新要求，深入做好联系群众、组织群众、宣传群众、服务群众工作，自觉同人民群众想在一起、干在一起，始终与人民心连心、同呼吸、共命运。

2

善为国者，爱民如父母之爱子、兄之爱弟，闻其饥寒为之哀，见其劳苦为之悲

　　早在 1990 年 5 月，习近平同志在《同心同德　兴民兴邦——给宁德地直机关领导干部的临别赠言》一文中写道："古人云：'善为国者，爱民如父母之爱子、兄之爱弟，闻其饥寒为之哀，见其劳苦为之悲。'古人尚知如此，何况我们共产党人？中国共产党的性质决定了我们党的各级干部都是人民公仆，必须密切联系群众，党的宗旨就是全心全意为人民服务。"2015年 10 月，他在减贫与发展高层论坛上的主旨演讲中深情地说："至今，这句话依然在我心中。"

　　习近平同志在文中引用的这句古语出自汉代刘向的《说苑·政理》，意思是说，善于治国的人对待民众，就像父母对待自己的孩子、兄长爱护自己的弟弟一样，听到他们遭受饥寒就感到哀伤，见到他们劳苦不堪就感到悲痛。这句话来自姜太公回答周武王关于治国之道的问策。当时周武王问："治国之道若何？"姜太公的回答是："爱民而已。"他还进一步指出，让农民错过农时、赋税过重、徭役频发、劳民扰民等都不是爱民的做法。这种为老百姓创造良好生产生活条件、不与民争利的宝贵思想，对今天我们党治国理政依然有重要启示意义。

　　为政者爱国爱民，是中华民族几千年来的宝贵经验。汉文帝、汉景帝采取轻徭薄赋、与民休息的政策，开创了"文景之治"；唐太宗李世民从隋朝的灭亡中吸取教训，把民生放在重要位置，推行爱民政策，发展农业生产，开创了"贞观之治"；清代康熙、雍正、乾隆三代统治者在政治上倡导"察吏安民"，经济上采取与民生息的轻徭役薄赋税政策，文化上大兴礼教、兴俭化民，成就了"康乾盛世"。近代以来，由于西方列强的入侵和封建统治的腐败，中国逐渐沦为半殖民地半封建社会，山河破碎，生灵涂炭，中华民族遭受了前所未有的苦难。中国共产党为拯救国家和民族于危难之中，团结带领中国人民浴血奋战、艰苦奋斗、开拓创新，使中国人民迎来了从站起来到富起来、强起来的历史性飞跃。党的十八大以来，以习近平同志为核心的党中央提出并坚持以人民为中心的发展思想，从群众最关心的问题入手，把民生疾苦放在心头，一大批惠民举措落地实施，推动发展成果更多更公平惠及全体人民。这些举措背后彰显着深厚的人民情怀，鲜明地昭示了全心全意为人民服务的宗旨意识。

　　但是我们也看到这种情况：为什么经济发展越来越好，老百姓的日子越过越好，可是一些群众对有的干部的意见仍然不少？为什么一些干部文化素质高了，却离老百姓越来越远了？从思想根子上看，一些党员干部与人民的情感淡漠了，忘记了党的初心和使命，忘记了"为了谁、依靠谁、我是谁"。在实现中华民族伟大复兴中国梦的新征途上，在开展具有许多新的历史特点的伟大斗争中，要使党的执政根基坚如磐石，必须始终以真挚的人民情怀滋养初心，始终牢记为人民谋幸福的使命，真正做"善为国者"。

　　"善为国者"，要心中有民。邓小平同志曾深情地说道："我是中国人民的儿子，我深情地爱着我的祖国和人民。"这道出了党的领导人和人民群众的鱼水深情。习近平同志强调："要始终把人民群众放在心中脑中"，"做到以人民忧乐为忧乐、以人民甘苦为甘苦"。从 50 多年前的"人民好公仆"

焦裕禄，到 30 多年前的"草鞋书记"杨善洲，再到今天的"人民的樵夫"廖俊波，一大批亲民、爱民、为民的优秀干部不断涌现，备受人民群众爱戴。他们的动人事迹告诉我们，只有我们把群众放在心上，人民群众才会把我们放在心上；只有我们把人民群众当亲人，人民群众才会把我们当亲人。广大党员干部要树牢全心全意为人民服务的宗旨观，把人民群众放在心中最高位置，始终怀着强烈的忧民、爱民、惠民之心，发扬我们党密切联系群众的优良作风，融民于心、融己于众，自觉为人民服好务、为人民用好权、为人民谋好利。

"善为国者"，要务实为民。为民服务这一根本价值理念作为马克思主义理论区别于其他形形色色理论最耀眼的底色，始终镌刻在共产党人灵魂的最深处，成为马克思主义政党永葆生机活力的源泉。中国特色社会主义不是从天上掉下来的，人民的美好生活也不是从天上掉下来的。如果没有一代又一代共产党人的实干担当、艰辛付出，哪来今天的国家富强、人民幸福？同样，为民服务不是抽象的，而是具体的；全心全意为人民服务也不是一句口号，而应该付诸实际行动。为人民服务，需要每个党员干部立足自身岗位，一点一滴地实干来实现。"深入基层不放松，立根原在群众中。千磨万击还坚劲，任尔东西南北风。"习近平同志当年改编的这首诗，深情表达了他对上山下乡的体会，也一语道出了为民实干的真谛。在河北正定工作期间，他一年大部分时间都在基层调研，跑遍了正定的每一个村。他经常让县委干部走上街头搞随机问卷调查，他自己还在大街上支起桌子听取群众意见，现场解决群众困难。他在宁德任地委书记时，倡导开展"四下基层"，并以身作则三进最偏远的下党乡。后来在福州工作时，他又大力推动"进万家门、知万家情、解万家忧、办万家事"。当前，我们坚持和发展中国特色社会主义、实现中华民族伟大复兴中国梦，是一项前无古人的事业，容不得作壁上观、空想清谈。每一位党员干部都应当像习近平同志一路走来的那样，像他一贯要求的那样，脚踏实地、务实担当，放下架子、扑下身子，察民情、接地气，到发展困难多、民生问题多、社会矛盾多的地方去，想群众之所想、急群众之所急，切实帮助群众解决实际困难。要时刻扪心自问：人民是否真正得到了实惠、人民生活是否真正得到了改善、人民权益是否真正得到了保障、改革发展成果是否更多更公平惠及了人民，真正把为民服务落到实处。

"善为国者"，要诚心靠民。"国以民为本，社稷亦为民而立。"回望上下五千年，波澜壮阔的中华民族发展史是中国人民书写的，博大精深的中华文明是中国人民创造的，历久弥新的中华民族精神是中国人民培育的，中华民族从站起来、富起来到强起来的伟大飞跃是中国人民奋斗出来的。人民群众是历史的创造者，是推动历史前进的真正动力。谋划发展，最了解实际情况的是人民群众；推动改革，最大的依靠力量也是人民群众。改革发展的每一次突破、每一项创造，无不来自亿万人民的实践和智慧。今天，我们正朝着实现中华民族伟大复兴中国梦的伟大目标奋进，必须紧密依靠亿万群众，尊重人民群众的主体地位和首创精神，最大限度调动人民创造美好生活的积极性、主动性和创造性，最大限度激发全社会各方面的力量，真正做到谋划工作思路向人民群众问计，查找工作中的问题听人民群众意见，改进工作措施向人民群众请教，落实工作任务靠人民群众力量，衡量工作成效由人民群众评判。

③

但愿苍生俱饱暖，不辞辛苦出山林

　　2004 年 1 月，习近平同志在《心无百姓莫为"官"》一文中引用了一句古诗："但愿苍生俱饱暖，不辞辛苦出山林。"在这篇文章中，习近平同志借物喻理、旁征博引，深刻阐明了为官之道——心无百姓莫为"官"，字里行间包含了一心为民、诚心爱民的真切情怀。

　　这句古诗出自明代名臣于谦的《咏煤炭》。作者以煤自喻、借物言志，抒发了为国效力、为民请愿，甘愿鞠躬尽瘁、死而后已的抱负和情怀，堪与杜甫的"安得广厦千万间，大庇天下寒士俱欢颜"相媲美。从古至今，大凡有识之士都有安世济民的情怀。从贾谊的"国而忘家，公而忘私"，到霍去病的"匈奴未灭，何以家为"；从诸葛亮的"鞠躬尽瘁，死而后已"，到范仲淹的"先天下之忧而忧，后天下之乐而乐"；从张载的"为天地立心，为生民立命，为往圣继绝学，为万世开太平"，到陆游的"位卑未敢忘忧国，事定犹须待阖棺"；从顾炎武的"天下兴亡，匹夫有责"，到林则徐的"苟利国家生死以，岂因祸福避趋之"……这些都是为国、为民担当奉献的生动写照，成为历朝历代仁人志士的价值皈依和精神动力。

　　知责任者，大丈夫之始也；行责任者，大丈夫之终也。毛泽东"为有牺牲多壮志，敢教日月换新天"，赵一曼"未惜头颅新故国，甘将热血沃中华"，焦裕禄"心里装着全体人民，唯独没有他自己"……共产党人一路走来，始终以为中国人民谋幸福、为中华民族谋复兴为己任，也正是这种无私无畏的担当精神，使中国共产党带领广大人民群众创造了一个又一个奇迹，开启了中华民族不断发展壮大、走向伟大复兴的历史进程。新时代，习近平同志向世界发出了肩负重任的"中国声音"——"人民对美好生活的向往，就是我们的奋斗目标"，充分彰显了党的领导人对以民为本、人民至上价值理念的追求和坚守。重托在肩、重任在身，如何做到"不辞辛苦"为民担当？

"不辞辛苦"为民担当，要有坚定不移的信念。理想信念是共产党人精神上的"钙"，是共产党人安身立命之本。胸中有信仰，心中有人民，脚下才有砥砺前行的力量。只有坚定理想信念，才有扛起为国尽责、为民担当的思想自觉和行动自觉。革命战争年代，一批又一批共产党人为挽救民族危亡、实现民族独立和国家富强，前赴后继、勇往直前、不怕牺牲，就是因为他们始终坚定共产主义的理想信念。今天，我们党面临的各种风险、各种考验依然存在，只有始终坚持共产主义远大理想和中国特色社会主义共同理想，坚定走中国特色社会主义道路，坚持以人民为中心，尊重人民群众主体地位，真正与人民群众想在一起、干在一起，才能保持理论上的成熟、思想上的清醒、政治上的坚定，才能激发出为民担当奉献的源源不断的动力和潜能，才能自觉地将为民务实清廉落到实处。

"不辞辛苦"为民担当，要有锲而不舍的意志。庄子有云："其作始也简，其将毕也必巨。"毛泽东同志也曾说过："一个人做点好事并不难，难的是一辈子做好事。"为民担当的目的就是要让人民群众满意，这是我们党做好一切工作的价值取向和根本标准。中华民族伟大复兴，绝不是轻轻松松、敲锣打鼓就能实现的，为民做实事也不可能一蹴而就，毕其功于一役。如果党员干部缺乏"一张蓝图绘到底""一茬接着一茬干"的韧劲，"三天打鱼、两天晒网"，再美的蓝图都无法落地，再好的目标也无法实现。只有以"咬定青山不放松"的毅力，以"功成不必在我"的精神境界和"功成必定有我"的历史担当，遇到问题不回避、碰到困难不退缩，做事不作势、务实不作秀，对认定的事咬定不放，对定下的事持之以恒，对已干的事一抓到底，做到一个矛盾接着一个矛盾解决、一件事情接着一件事情办结，才能积小胜为大胜、积跬步致千里，取得实实在在的成效。

"不辞辛苦"为民担当，要有清廉正派的作风。"公生明，廉生威。"清正廉洁是我们党赢得人民群众拥护和爱戴、党的各项事业不断取得胜利的根本保证，也是我们党永葆先进性、纯洁性的本质要求。《论语》有云："其身正，不令而行；其身不正，虽令不从。"如果自身存在问题，就会前怕狼后怕虎、畏首畏尾，不敢硬碰硬、不敢较真。"打铁必须自身硬"，只有清廉正派，自己行得正、坐得端，才能不为名利所累、不为物欲所动、不为浮华所惑、不为私情所扰，才能义无反顾地维护党和人民的利益，才能抵御各种利益诱惑，才能秉公用权、依法用权、谨慎用权，不拿原则做交易，不以权力谋私利，堂堂正正做人、老老实实干事、清清白白为官，始终做到一身正气、两袖清风，坚守共产党人的精神家园。

4

衙斋卧听萧萧竹，疑是民间疾苦声

2012 年 12 月，习近平同志到革命老区河北省阜平县考察扶贫开发工作，在龙泉关镇顾家台村与基层干部群众代表座谈时，吟诵了一首古诗："衙斋卧听萧萧竹，疑是民间疾苦声。些小吾曹州县吏，一枝一叶总关情。"2014 年 5 月，他在参加河南省兰考县县委常委班子专题民主生活会时，又引用了这首古诗。

这是一首题画诗，是郑板桥在出任山东潍县知县时赠给巡抚包括的。作者由风吹竹摇之声联想到百姓生活疾苦，寄予了对百姓命运的深切关注和同情。事实上，在中国历史上，像郑板桥这样爱民如子的父母官还有很多，如陶渊明、狄仁杰、包拯、海瑞等。这其中有不少人和郑板桥一样，都当过知州、知府、知县等地方官，"为官一任、造福一方"，在地方留下了很好的政声，诠释了古代良吏清官亲民为民的高尚情怀和精神境界。

习近平同志始终心系苍生、念兹在兹，在党的十九大报告中明确将"坚持以人民为中心"确立为新时代坚持和发展中国特色社会主义的"十四个基本方略"之一。他反复强调党员领导干部要牢记为人民谋幸福的初心和使命，时刻把老百姓的安危冷暖放在心上；无论走到哪里，他都要看看老百姓的吃穿住行，问一问老百姓的就业情况、收入如何、孩子上学是否方便；他把推进北方地区冬季清洁取暖、推行垃圾分类、推进畜禽废弃物处理和资源化、提高养老院服务质量、规范住房租赁市场、加强食品安全监管等民生问题纳入中央政治局会议议题，强调必须想群众之所想、急群众之所急、解群众之所困；他还就"厕所革命"作出重要指示，强调厕所问题不是小事情，要采取针对性举措，把它作为乡村振兴战略的重要工作来推进，努力补齐这块影响群众生活品质的短板……点点滴滴，都彰显了习近平同志"把人民利益摆在至高无上的地位"的思想，表达了他心系人民、亲民爱民的真挚情怀。

感情是密切党员干部与人民群众关系的基础。孔繁森有一句名言："一个人爱的最高境界是爱别人，一个共产党员爱的最高境界就是爱人民。"对群众有感情，就会"先天下之忧而忧，后天下之乐而乐"，"以百姓之心为心"；就会时刻情系群众，时刻关心群众生活疾苦；就会用暖心的话语和行动做好群众工作，尽心竭力为人民办好事、办实事；就会把权力当作为人民服务的工具，畏权如用火、慎权如履冰，时时自警、处处自省、事事自律，在各种歪风邪气面前一身正气，展现出一个共产党人的崇高品德。反之，一旦党员干部对群众没有感情，人民群众也不会对他有感情，长此以往就不会对党有感情，就不会信任党、跟党走，从而动摇党的执政根基。像郑板桥这样的封建时代的官吏，对人民尚且有如此深厚的感情，今天我们共产党人应该比他境界更高，更应该始终对群众怀抱一颗赤子之心，真情关爱群众、真心贴近群众、真诚服务群众。

"卧听萧萧竹"，要真情关爱群众。感人心者，莫先乎情。对群众有没有真感情，是检验党员干部宗旨意识的试金石。做好群众工作，千条万条，满腔热情、饱含真情是第一条。人民群众是最讲感情的，正如著名诗人臧克家所说的："骑在人民头上的，人民把他摔垮；给人民作牛马的，人民永远记住他。"革命战争年代，毛泽东同志了解到瑞金沙洲坝缺水吃，亲自带领军民挖"红井",和群众一起干、一起苦,解决群众饮水困难;周恩来同志、张闻天同志带头帮助红军家属砍柴、挑水;朱德同志亲自下田帮助农民插秧收稻、车水抗旱……党的老一辈革命家用自己的实际行动,深刻践行了中国共产党人与老百姓不仅是利益的共同体,更是感情的共同体。在新的时代条件下,党员干部要继续保持我们党与人民的血肉联系,把群众当亲人,对群众充满感情,满腔热情地做好群众工作,讲群众听得懂的话、办群众得实惠的事、做群众信得过的人,与人民群众打成一片、融为一体。这样,才能得到人民群众的支持和拥护,才能促进党和人民的事业不断向前发展。

"卧听萧萧竹",要真心贴近群众。当前,有的领导干部把关心群众挂在嘴边、念在纸上,看望群众讲排场,前呼后拥、走马观花、蜻蜓点水,慰问群众热衷于各种作秀,但是对真正涉及民生的问题,则漠不关心,能推则推、能躲则躲、能拖则拖。习近平同志指出:"什么是作秀,什么是真正联系群众,老百姓一眼就看出来了。"作秀的根源是形式主义,表面轰轰烈烈,实质上是脱离群众、脱离实际的花架子、假把式。群众的眼睛是雪亮的,你的内心是公大于私,还是私大于公;你谋的是群众利益,还是一己私利;你是真心关心群众,还是假意忽悠群众,群众"一眼就看出来了"。习近平同志经常提到 20 世纪五六十年代福建省东山县县委书记谷文昌同志的事迹。谷文昌同志在东山县工作了 15 年,带领全县人民拼搏奋战,植树造林、治理风沙、修建水库,把荒芜的东山岛变成富饶的粮仓,使群众摆脱了世代逃荒要饭的苦日子。当地老百姓逢年过节都是"先祭谷公,后祭祖宗",并相沿成习,以此表达他们对老书记的敬重和怀念。可见,关心群众不是作作秀、演演戏,逢年过节走走过场,大包小包搞点慰问、嘘寒问暖一下就了事的,而是应该像谷文昌同志那样,牢固树立执政为民的理念,不追求轰轰烈烈的"显绩",而是默默无闻地奉献,始终在思想上尊重群众、行动上深入群众,真正关心群众疾苦、关切群众诉求,真心实意、设身处地为群众排忧解难，这样才能得到群众的信任和爱戴。

"卧听萧萧竹"，要真诚服务群众。一个行动胜过一打纲领。宗旨意识、群众观点是"武器"而不是"祭器"。为民服务的宗旨意识，不仅需要根植于全体党员干部的脑海中，更需要落实在全体党员干部的行动中。习近平同志强调："人民对美好生活的向往，就是我们的奋斗目标。"我们要始终坚持把群众所思所想、所需所盼，作为我们开展各项工作的"风向标"和"指南针"，紧紧围绕习近平同志强调的为人民提供"更好的教育、更稳定的工作、更满意的收入、更可靠的社会保障、更高水平的医疗卫生服务、更舒适的居住条件、更优美的环境"的目标要求，从大处着眼、小处入手，认认真真访民情，诚诚恳恳听民意，实实在在帮民富，兢兢业业保民安，以"钉钉子"精神把各项民生工作做细、做实、做好，防止把"民心工程"变成"闹心工程"，真正让人民群众共享改革发展成果、得到更多实惠。

5

政之所兴在顺民心，政之所废在逆民心

2013 年 12 月，习近平同志在纪念毛泽东同志诞辰 120 周年座谈会上引用了一句古语："政之所兴在顺民心，政之所废在逆民心。"之后他又在党的群众路线教育实践活动工作会议等多个场合提到这句话。这句古语出自《管子》，意思是说，政权之所以兴盛，在于顺应民心；政权之所以废弛，是因为违逆民心。管子即管仲，春秋时期齐国著名的思想家、军事家，是辅佐齐桓公"九合诸侯、一匡天下"的代表人物，也是中国历史上最早提出以民为本思想的政治家。他明确主张统治者要顺民心、量民力、利民生，明确提出"欲为天下者，必重用其国；欲为其国者，必重用其民；欲为其民者，必重尽其民力"。这些观点鲜明体现了民本思想，至今对我们党治国理政仍有重要启迪意义。

民心是什么？民心就是人民的思想、情感、意愿，是政权这座大厦的基础。民心问题，对一个执政党来说，是一个根本问题。古往今来，民心向背始终是国家治乱兴衰的决定性因素。"得民心者得天下，失民心者失天下"，揭示出一个颠扑不破的道理：民心是决定谁主沉浮的最大力量。回顾党的历史，革命战争年代，为什么我们党能够用小米加步枪冲破国民党的重重围剿，打败国民党的飞机大炮？为什么老百姓会把最后一尺布拿来做

军装，最后一两米用来做军粮，最后的老棉被盖在担架上，最后的亲骨肉送其上战场？在和平年代，为什么我们党能不断创造一个又一个奇迹？根本原因就在于我们党鲜艳的红旗上始终铭刻着"人民"二字，我们党始终代表着最广大人民群众的根本利益，始终与人民群众保持血肉联系，始终全心全意为人民服务，从而赢得民心民意，得到最广大人民的拥护和支持。毛泽东同志曾借用"水能载舟，亦能覆舟"的古喻警示党员领导干部：如果一个执政党脱离了群众、丧失了民心，就等于丧失了生存的根基。习近平同志也强调："民心是最大的政治，正义是最强的力量。"这些重要论述，是对古今中外治乱兴衰规律的高度概括和精辟总结，也道出了治国理政的真谛。

党的执政地位既不是与生俱来的，也不是一劳永逸的。在新的历史条件下，各种弱化党的先进性、损害党的纯洁性的因素无时不有，各种违背初心和使命、动摇党的根基的危险无处不在，"四大考验""四种危险"比以往任何时候都更加尖锐地摆在全党面前。正因为如此，党的十九大报告明确提出全面从严治党，并把加强党的长期执政能力建设、先进性和纯洁性建设作为主线，贯穿于全面从严治党过程之中。在新形势下，我们党要实现"政之所兴"、破解"政之所废"，必须切身体会民心所向、民生疾苦，把赢得民心民意、汇集民智民力作为重要着力点，不断夯实党的执政基础。

把站稳人民立场作为"政之所兴"的根本立场。人民立场是马克思主义政党的根本立场，坚持人民立场是我们党的优良传统和鲜明政治品格。党的根基在人民，党的立场在人民。站稳了人民立场，我们就有信心、有底气，就能干成事、成大业。要把坚定的政治立场作为立身之本，始终站在人民立场上想问题、办事情，任何时候、任何情况下都不能偏离人民立场，真正把人民立场既体现在言语主张中，更体现在具体行动中，更好增进人民福祉，推动人的全面发展、社会全面进步。

把践行为民宗旨作为"政之所兴"的根本途径。土地革命时期，红色革命根据地江西瑞金流行着这样一首歌，歌名叫《苏区干部好作风》。其中，有两段歌词是这样写的："苏区干部好作风，自带干粮去办公，日穿草鞋干革命，夜打灯笼访贫农。""苏区干部好作风，真心实意为群众，柴米油盐都想到，问寒问暖情义重。"歌曲唱出了党领导的革命队伍一心想着人民、全心全意为人民服务的宗旨意识，唱出了党和人民的深情厚谊。进入和平年代，我们更需要继续秉持这样的初心，将为民服务奉为圭臬，将百姓疾苦放在心上，凡是群众反映强烈的问题都严肃认真对待，凡是损害群众利益的行为都坚决予以纠正，真正做到"民之所忧，我之所思；民之所思，我之所行"。

把坚持群众路线作为"政之所兴"的根本方法。我们党来自人民、服务人民，最大的优势是密切联系群众，群众路线是党的根本工作路线。井冈山时期，我们党在实际工作中就坚持"革命成功，尽在民众"的观点。延安时期，我们党成功进行了延安整风，形成了理论联系实际、密切联系群众、批评和自我批评三大优良作风。改革开放以来，我们坚持不懈加强作风建设，先后开展了"三讲"教育、保持共产党员先进性教育、党的群众路线教育实践活动、"三严三实"专题教育、"两学一做"学习教育、"不忘初心、牢记使命"主题教育等。尽管不同时期作风建设的任务不同，但是"保持同人民群众的血肉联系"始终是一个不变的主题。2019年2月，安徽省阜阳市阜南县郜台乡因脱贫攻坚"刷白墙""宣传片"等事件被曝光。这件事表面上暴露的是干部作风问题，实质是一些党员干部心中无民，把群众观点、群众路线丢到了一边。进入新时代，要筑牢党长期执政的阶级基础和群众根基，必须坚决杜绝此类事件发生，坚决纠正各类漠视群众、脱离群众、损害群众利益的行为，切实防范脱离群众的危险。

6

德莫高于爱民，行莫贱于害民

2007 年 2 月，习近平同志在《浙江日报》"之江新语"专栏发表的《主仆关系不容颠倒》一文中引用了"德莫高于爱民，行莫贱于害民"。这句话出自《晏子春秋·内篇问下》，意思是说，没有比爱护百姓更高尚的品德，没有比戕害百姓更卑贱的行为。对于党员干部来说，无论何时何地，公仆本色都不能变，不能当官做老爷。这既是我们党一贯的立场，也是我们党对党员干部的一贯要求。

做人要讲道德，做官要讲官德。对于官员来说，讲道德的最高境界就是热爱人民、为人民服务。毛泽东、周恩来、朱德等老一辈无产阶级革命家鞠躬尽瘁为人民、终生永葆公仆心的伟人风范，甘祖昌、张富清等老英雄居功不自傲、深藏功与名的高尚情操，焦裕禄、孔繁森、杨善洲等党员领导干部艰苦奋斗、廉洁自律的感人事迹，立起了共产党人的道德丰碑。树立官德，关键是要以牢固的公仆意识践行初心，永远铭记人民是共产党人的衣食父母、共产党人是人民的勤务员，永远不能脱离群众、轻视群众、漠视群众疾苦。如果忘记了自己的公仆身份和服务职责，颠倒了公仆和主人的关系，把公仆异化为"官老爷"，把党与人民群众的鱼水之情异化为"油水关系"，权力观错位，那么，为人民服务就沦为空谈。正如习近平同志指出的："人民是国家的主人，干部是人民的公仆。公仆公仆，一要为公，不能有私心；二要为仆，不能有官气。公仆对人民负责，天经地义。"

"德莫高于爱民"，重在"公"字当头。共产党的干部，不管官帽有多大、级别有多高，都是人民的公仆，其权力都是党和人民给的，要始终做到心中有党、心中有民、心中有责、心中有戒。一要一心为公。正如习近平同志指出的："作为党的干部，就是要讲大公无私、公私分明、先公后私、公而忘私。"作为党的干部，只有事事出于公心，才能坦荡做人、谨慎用权，才能光明正大、堂堂正正。要把全心全意为人民服务、为人民谋幸福作为毕生的追求，把自己的私心杂念束之高阁，自觉打掉心里的"小算盘"，不为声色犬马、灯红酒绿的享乐主义所动；正确对待个人的名誉、地位、利益，对进退留转保持一颗平常心，凡事得之淡然，失之泰然。二要秉公用权。权力如火，善用则利国利民，滥用则引火烧身。1962 年，邓小平同志语重心长地告诫全党："我们拿到这个权以后，就要谨慎。不要以为有了权就好办事，有了权就可以为所欲为，那样就非弄坏事情不可。"每一名党员干部特别是领导干部都要经常想一想自己手中的权力是从哪里来的、应该为谁所用这个重要问题，心怀公正之心、公平之心、公道之心，做到公平用权、公正执法、公道办事，不搞亲疏远近，坚决不做与民争利的事。权力在任何时候都只能用来为党分忧、为国干事、为民谋利，绝不能成为为个人或小团体谋取利益的工具。要坚持公权姓公不姓私，确保权力行使不偏向、不变味、不越轨、不出格。三要廉洁奉公。在全党开展的"不忘初心、牢记使命"主题教育，之所以将清正廉洁作表率作为具体目标之一，就是要教育引导广大党员干部保持为民务实清廉的政治本色，自觉同特权思想和特权现象作斗争，坚决预防和反对腐败。党员干部要自觉树牢马克思主义的世界观、人生观、价值观和正确的权力观、地位观、利益观，常修为政之德、常思贪欲之害、常怀律己之心、常除非分之念，筑牢思想防线，克制私欲贪念，把好名节关、金钱关、美色关，管好自己、管好身边人，把严以律己作为党性修养的必修课，作为做人、做事、做官的基本"底线"和不可逾越的"红线"，做到心存敬畏、慎独慎微、遵纪守法，用清廉自律取信于民、造福于民。

"德莫高于爱民"，贵在把"仆"字践行好。公仆，不是"官老爷"而是勤务员，不能捂着"乌纱帽"为己做官，而要拎着"乌纱帽"为民干事，心甘情愿当好人民的"仆人"，做人民的"孺子牛"。当好人民的仆人，就要把党和人民的事业放在第一位，把自己的岗位职责看成党和人民赋予的重托和责任，兢兢业业、殚精竭虑，用实实在在的业绩赢得百姓口碑。当好人民的仆人，就要敢于面对发展中遇到的新老问题，锐意进取、奋发有为，以舍我其谁的姿态，以"功成不必在我"的胸襟，以"逢山开路，遇水架桥"的魄力，既立足客观实际，又善于集中群众智慧，迎难而上、攻坚克难，持之以恒、善作善成，真正把精力和心思用在稳增长、促改革、调结构、惠民生、防风险上，用在破难题、克难关上，用在解决人民群众最关心最直接最现实的利益问题上。当好人民的仆人，就要有一颗为党为人民矢志奋斗的心，正确对待组织、他人和自己，坚持吃苦在前、不计得失，勤奋敬业、任劳任怨，克服急功近利的浮躁，远离追名逐利的彷徨，不为名利分心、不为得失忧心，始终保持定力、坚守初心，为事业殚精竭虑、为人民鞠躬尽瘁。当好人民的仆人，就要以旺盛的热情、昂扬的斗志、充足的干劲，多深入基层"接地气"，多到群众中去"充充电"，有针对性地补短板、强弱项，努力增强为民干事的能力，同时以踏石留印、抓铁有痕的精神，锲而不舍、一抓到底，真正把关系群众切身利益的每一项工作办实、办好，让群众真真切切得到实惠。

7

履不必同，期于适足；治不必同，期于利民

2014年9月，习近平同志在庆祝中国人民政治协商会议成立65周年大会上引用了一句古语："履不必同，期于适足；治不必同，期于利民。"这句话出自清代魏源的《默觚下·治篇五》，意思是说，每一个人的鞋子大小不必相同，关键是要适合自己的脚；每个国家的治理方法不必雷同，关键是要有利于人民。

治国理政第一要领就是利民。历史上一些明君如唐太宗、明成祖、康熙帝等，均采取了与民生息、轻徭薄赋、减轻刑罚、抑制土地兼并等一系列利民措施，开创了封建王朝的盛世局面。

中国共产党作为马克思主义政党，不同于其他任何为少数人谋利益的政治组织，其根本宗旨是全心全意为人民服务，为最大多数人谋利益。毛泽东同志曾说过："共产党人的一切言论行动，必须以合乎最广大人民群众的最大利益，为最广大人民群众所拥护为最高标准。"这句话揭示了我们党一切工作和活动的根本目的和落脚点——为人民谋利益。利民，从根本上来说，就是党的一切执政活动都必须主动地、自觉地从人民利益出发，为人民用好权，为人民谋幸福。党员干部不论在什么岗位，都要把人民利益放在最高位置，把人民满意作为检验一切工作的标准。凡是有利于民的事

情，就要勇于尝试、勇于探索；凡是不利于民的事情，就要坚决抵制、坚决摒除。真正做到权为民所用，情为民所系，利为民所谋。

"期于利民"，要害是权为民所用。权力是一把"双刃剑"，为民则利，为己则害。权力能使人高尚，也能使人堕落；能成就一个人，也能毁掉一个人。正确行使权力，能造福人民、施展抱负；错误行使权力，会害国害人、身败名裂。党员干部如何看待和使用手中的权力，对党和人民的事业至关重要。早在 1944 年，有个美国记者问毛泽东："你们办事，是谁给的权力？"毛泽东非常明确地回答："人民给的。"他还说："人民要解放，就把权力委托给能够代表他们的、能够忠实为他们办事的人，这就是我们共产党人。我们当了人民的代表，必须代表得好。"毛泽东同志的这段话再好不过地说明了共产党权力的来源问题。每一个党员干部都必须牢固树立马克思主义权力观，始终牢记权为民所赋，当为民所用，以谨慎之心对待权力，以敬畏之心使用权力，自觉接受人民监督，决不能把手中的权力当作谋取私利的工具，始终把人民放在至高无上的位置，坚决抵制个人主义、拜金主义、享乐主义的侵蚀，坚决杜绝权钱交易、权色交易、以权谋私等违法行为，真正做到立身不忘做人之本、为政不移公仆之心、用权不谋一己之私。

"期于利民"，前提是情为民所系。马克思主义政党的一个最大优势，就是与人民群众建立了深厚的鱼水之情，党离不开群众，群众也离不开党。1934 年冬天，在湖南省汝城县沙洲村，3 名女红军借宿徐解秀老人家中。临走时，她们把自己仅有的一床被子剪下一半给老人留下了。80 多年过去了，红军身影早已远去，但这半床被子的动人故事，仍在讲述共产党、红军与人民群众生死与共、风雨同舟的鱼水深情。习近平同志曾说："对于我们共产党人来说，老百姓是我们的衣食父母……像爱自己的父母那样爱老百姓，为老百姓谋利益，带老百姓奔好日子。"他还指出："群众也好，领导也好，人的感情都是一样的，并不是群众的感情可以简单一点、群众的需求可以降低一点，要将心比心。"党员干部要始终怀着强烈的爱民之心、忧民之责、为民之情，像对待家人一样对待群众、心系群众，时刻把人民群众的冷暖安危放在心上，切实把握人民群众的利益关注点、情感共鸣点、诉求交织点，在与人民群众一起干、一起苦、一起累、一起乐中积累深厚感情。

"期于利民"，关键是利为民所谋。"治国有常，而利民为本。"我们党作为马克思主义政党，始终坚持马克思主义的人民性，坚持人民至上、以民为本的价值理念，以利为民谋、福为民享为行动准则，以实现好维护好发展好最广大人民的根本利益为根本旨向。毛泽东同志指出："我们的第一个方面的工作并不是向人民要东西，而是给人民以东西。"习近平同志强调："坚持人民利益高于一切，是共产党人处理利益问题的根本原则。"解决民生问题必须坚持以人为本的原则。以人为本，就是以最广大人民的根本利益为本。在新时代，广大党员干部要不忘初心、牢记使命，始终坚持利为民所谋，适应我国社会主要矛盾的新变化，坚持问题导向、需求导向、民生导向，坚持以是否符合人民的根本利益作为第一准则，以群众呼声为第一信号，以群众满意为第一追求，把人民对美好生活的向往一步步地变为现实，让更多的人民群众共享改革发展成果，得到更多实惠。

（8）

治理之道，莫要于安民；安民之道，
在于察其疾苦

2014 年 1 月，习近平同志在中央政法工作会议上引用了一句古语："治理之道，莫要于安民；安民之道，在于察其疾苦。"这句话出自明代张居正的《答福建巡抚耿楚侗》，意思是说，治国理政的关键在于使百姓安居乐业；想要使百姓安居乐业，就必须体察他们的疾苦。张居正的这一观点继承并发展了儒家民本主义思想，对后世产生了深远影响。

对于社会治理者来说，要让百姓安居乐业，首先就要了解并解决好群众的疾苦和困难。从世界范围来看，20 世纪 80 年代末 90 年代初苏联解体、东欧剧变，传统的共产党政权纷纷垮台，归根结底就在于没有把人民放在执政兴国的中心地位，没有切实解决好人民群众的实际困难。苏联解体前夕，老百姓生活十分困难，所有的日常用品包括肥皂、洗衣粉、牙膏等全部需要进口。当时苏联社会科学院的一项民意调查显示，被调查者认为苏共代表全体人民的仅占 7%。这样一个心中没有人民、不代表人民利益的政党，人民又怎么会支持它呢？而我们党之所以能够渡过各种惊涛骇浪，战胜一切困难和风险，使科学社会主义在 21 世纪焕发出前所未有的生机和活力，根本原因就在于我们党始终把人民利益放在至高无上的位置，与人民风雨同舟、生死与共，始终保持与人民群众的血肉联系。一位巴西中国问题专家在研究党的十九大以后得出中国共产党成功的秘诀："最重要的是中国共产党与人民之间的关系，时刻将人民利益放在首位，明白人民真正的需求是什么。"我们党把为人民服务奉为宗旨，党员干部如果感受不到人民疾苦、解决不了人民困难，就谈不上安民治政，更谈不上赢得民心。为人民服务，就要真正了解人民群众所思、所忧、所盼，为人民群众办好事、办实事、解难事。

"安民之道"，要求党员干部深入基层察民情。只有深入基层，才能真实掌握群众需求，把实事办到群众心坎上；只有深入基层，才能知道决策有没有落实，群众满意不满意。浮光掠影、走马观花，隔着车窗看基层、会议室里搞调研、宾馆里面听汇报，肯定是行不通的。当年的中央苏区模范乡才溪乡，毛泽东同志先后去了三次。在才溪乡调查时，毛泽东同志深入田间地头，与苏区群众同吃同住同劳动，深入细致了解民情，甚至连哪家豆腐做得好、哪家水酒酿得香、每家每户吃盐多少、价格几何都了如指掌。正是靠着这种深入基层、深入群众的细致调研，他找到了启动农村革命的金钥匙。新形势下，面对新情况新问题，我们要学习老一辈革命家"身入"和"心至"的调研方法，既走近群众，和老百姓坐一条板凳睡一个炕，端一个饭碗走一条路，更要走进群众心里，真心实意听一听百姓需要什么、盼望什么、有哪些急难事和窝心事。唯其如此，工作思路才会豁然开朗，改革的路径才会清晰明确。

"安民之道"，要求党员干部脚踏实地解难题。"去民之患，如除腹心之疾。"要紧盯群众亟待解决的现实问题，树立在基层一线解决问题的导向，真正做到群众在哪里，现场就在哪里。在习近平同志担任浙江省委书记期间，淳安县枫树岭镇下姜村是他的基层联系点。他先后多次到下姜村调研，了解群众困难，大到村子的产业发展、项目落实问题，小到群众生活问题，他都一一研究、一一解决。党的十八大以来，习近平同志始终牵挂着困难群众。从沂蒙山到井冈山，从河北阜平到甘肃定西，从延安杨家岭村到湘西十八洞村，他的足迹遍布全国 14 个集中连片特困地区。他访民情、察民苦、解民忧，身体力行、率先垂范，生动践行了为人民服务的宗旨。新形势下，我国发展不平衡不充分的一些问题尚未解决，收入差距较大，消除贫困任务艰巨，一些关系群众切身利益的问题和矛盾还比较突出。对于这些问题，广大党员干部要强化宗旨意识、破解发展难题、补齐民生短板，第一时间发现、第一时间回应、第一时间解决，打通联系服务群众的"最后一公里"，真正把为民服务落到实处。

"安民之道"，要求党员干部求真务实改作风。求真务实是辩证唯物主义和历史唯物主义一以贯之的科学精神，也是我们党的思想路线的核心内容。在习近平同志看来，"作风问题，核心是党和人民群众的关系问题"。无论是在地方还是在中央工作，他始终把百姓身边事放在心上，着力解决好同老百姓生活息息相关的教育、就业、住房、医疗卫生、社会保障、社会稳定等民生问题，使人民获得感幸福感安全感更加充实、更有保障、更可持续，为我们树立了光辉榜样。党员干部要深入学习习近平同志亲民为民靠民的务实作风，牢固树立正确的事业观、政绩观，心系群众，不谋虚功，从实处着眼、用实干考量、以实绩说话，不急功近利、不盲目吊高胃口，真正想民之所想、急民之所急、办民之所需、干民之所盼，以扎实的作风确保各项工作经得起实践、群众和历史的检验。

9

圣人无常心，以百姓之心为心

早在 1989 年 1 月，习近平同志就在《干部的基本功——密切联系人民群众》一文中说："只要我们能真正代表人民的根本利益，'以百姓之心为心'，我们的周围就会吸引和凝聚起千百万大众，还愁什么社会不稳？！"后来他又在《主仆关系不容颠倒》一文中引用了"圣人无常心，以百姓之心为心"。他在 2014 年庆祝中华人民共和国成立 65 周年招待会等场合多次引用这句古语。这句话出自老子的《道德经》，意思是说，要成为圣人，就不能有个人固定不变的意志，而是要以百姓的意志为意志。老子是我国古代第一个提出"以百姓之心为心"的思想家。在他看来，实现百姓心，就是政治的本质；实现百姓心的政治，就是稳定的政治，也是理想的政治。老子的这一思想，对后世影响深远。

中国共产党作为马克思主义政党，始终把自己的命运和人民大众的前途紧密联系在一起，以实现中华民族伟大复兴为己任，"以百姓心为心"成为共产党人的精神内核。正如习近平同志强调的，"以百姓心为心，与人民同呼吸、共命运、心连心，是党的初心，也是党的恒心"。这一重要论述，继承了中华优秀传统文化的精华，闪耀着马克思主义真理的光辉，深刻体现了党的性质和宗旨，彰显了党的一切工作和活动的思想根基。

　　"以百姓之心为心"，是党的初心。习近平同志指出："一个民族、一个国家，必须知道自己是谁，是从哪里来的，要到哪里去，想明白了、想对了，就要坚定不移朝着目标前进。"党从诞生那一天起，就把为中国人民谋幸福、为中华民族谋复兴作为自己的初心和使命。正是秉持这样的初心和使命，一代又一代的共产党人，风雨兼程、历经磨难，带领人民跨过一道又一道沟坎，取得一个又一个胜利。在风雨如晦的旧社会，党高举救亡大旗，用鲜血和生命把处于危难之中的中华民族拉出积贫积弱的泥潭，带领中国人民站起来；改革开放新时期，党坚持解放思想、实事求是，推动了中国经济社会的巨大发展，带领中国人民富起来；党的十八大以来，以习近平同志为核心的党中央团结带领全党全国各族人民，推动党和国家事业发生历史性变革、取得历史性成就，推动中国特色社会主义进入新时代，带领中国人民强起来。实践证明，只有"以百姓心为心"，坚守初心、唤起民心，才能汇聚起势不可挡的磅礴力量，才能让我们党永葆生机活力，始终成为时代先锋、民族脊梁，立于不败之地。

　　初心要用情怀浇灌，用行动涵养。习近平同志始终把自己当成人民的一分子、普通劳动人民中的一员，对人民群众始终怀着真挚而深厚的情感。他有一句座右铭，叫作"勿忘人民，甘作奉献；鞠躬尽瘁，奋发有为"，"勿忘人民"是排在第一位的。他曾说过："我的执政理念，概括起来说就是：为人民服务，担当起该担当的责任。"他在回答关于"当选中国国家主席的时候，是一种什么样的心情"的提问时说："这么大一个国家，责任非常重、工作非常艰巨。我将无我，不负人民。我愿意做到一个'无我'的状态，为中国的发展奉献自己。"这些质朴深情的话语，充分彰显了习近平同志始终与人民群众心心相印、同甘共苦、共同奋斗的为民情怀和博大胸襟。党员干部不论何种职务，从加入共产党那一刻起，就对党作出了庄严承诺，矢志不渝为党分忧、为民奋斗、为国奉献。每一名共产党员，特别是党员领导干部都要始终保持对人民的深爱之心，同人民风雨同舟、血脉相通、生死与共。这样，人生奋斗才有更高的思想起点，才会有不竭的精神动力。

"以百姓之心为心"，是党的恒心。纵观世界政党历史，为什么许多显赫一时的政党最终走向衰败，而中国共产党饱经风雨依然朝气蓬勃？一个重要原因就是我们党始终坚守为中国人民谋幸福、为中华民族谋复兴的初心和使命，以恒心守初心，将为人民服务进行到底。雷锋、焦裕禄、谷文昌、孔繁森、杨善洲、沈浩等一个个共产党员，为什么能在人民心中矗立起一座座不朽的丰碑？就是因为他们始终有一颗扎根人民、造福人民的恒心。这种恒心，让他们在面对恶劣环境时坚忍不拔，在遇到严重打击时永不退缩，在遭遇困难危险时勇于担当。这种恒心，百折不挠、九死而不悔，始终激发我们保持经久不衰的韧劲，追求善始善终、善作善成。

恒心贵在坚守，重在砥砺。"其作始也简，其将毕也必巨。"中国共产党为什么能？岁月流转，但答案不变：中国共产党始终有一颗扎根人民、服务人民、造福人民的恒心。毛泽东同志说过："一个人做点好事并不难，难的是一辈子做好事，不做坏事。"同样，保持"以百姓心为心"的恒心，说起来容易，做起来并不容易，几十年如一日的坚守更不简单。路再长，使命不变；事再难，初心不改。如何在不忘为民初心的同时保持为民服务的恒心，如何在保持为民干事冲劲的同时保持经久不衰的韧劲，是每个共产党人必须正视、面对和回答好的重大课题。为人民服务贵在长期坚持，贵在持之以恒，贵在大公无私，贵在一视同仁。进入新时代，党员干部特别是领导干部要时刻牢记为人民服务的宗旨，始终保持对人民的赤诚之心，始终保持"以百姓心为心"的初心和恒心，从一点一滴做起，滴水穿石、久久为功，将为人民服务一辈子而不是一阵子作为自觉追求。

10

人视水见形，视民知治不

2014 年 1 月，习近平同志在党的群众路线教育实践活动第一批总结暨第二批部署会议上讲道："司马迁在《史记》中说，'人视水见形，视民知治不。'说的是人从水中能看到自己的形象，观察人民就能知道治理得好不好。每个党员、干部都要主动把自己置于社会和群众监督之下，改什么、怎么改、改得怎么样，要让群众看清楚。"

他引用的这句古语是商汤在 3600 多年前对伊尹说的，出自司马迁的《史记·殷本纪》。其实质就是将百姓比作镜子，来考察治国理政的成效。商汤的"镜子论"，说明早在中国奴隶社会时期，民情民意就已经被视为衡量统治好坏的重要标尺了。此后，"以民为镜"观念被历代开明统治者所接受和倡导。其中，尤以唐太宗对以人为镜观念的阐述影响最大。他的名言"以铜为镜，可以正衣冠；以古为镜，可以知兴替；以人为镜，可以明得失"广为传颂、流传至今。

习近平同志用它阐述党的群众路线教育实践活动总要求中的"照镜子"，为这一典故注入新的时代内涵，给我们以新的启迪。今天，我们进行伟大斗争、建设伟大工程、推进伟大事业、实现伟大梦想，须臾不可脱离群众，必须密切党同群众的联系，深入基层、深入一线问政于民、问计于民、问需于民，时刻以人民为镜，查找问题听群众意见，改进措施向群众请教，衡量成效由群众评判。

"视民知治不"，要求查找问题听群众意见。唐太宗李世民懂得"兼听则明，偏听则暗"，重用魏徵等善于纳谏之人，开创了彪炳史册的"贞观之治"。唐玄宗李隆基前期善于纳谏成就了"开元盛世"，后期听信佞臣和逸言，听不进逆耳言，最终导致了"安史之乱"。忠言逆耳，群众意见里难听的是批评意见，而往往批评意见里有着重要的、急切的民声，这种声音尤其忽视不得。人民群众是生活的先知，冷暖甘苦感受最直接；人民群众是施政的基础，政令得失反映最真实。要充分保障人民群众的参与权和表达权，对于涉及群众切身利益的重大事项，动员群众广泛参与进来，主动"发声"，群策群力、开门纳谏。要拿出"程门立雪"之诚、"虚怀若谷"之意，对群众意见洗耳恭听、虚心接受，特别是对刺耳的意见要听得进、容得下。用群众的苦口良药、忠言逆耳不断改进和完善工作方式方法，及时调整工作部署，才能使我们的各项工作顺应民意、深得民心。

"视民知治不"，要求改进措施向群众请教。习近平同志强调："人民群众有着无尽的智慧和力量。"紧紧依靠人民，拜人民群众为师，是我们党近百年不变的坚守，是我们党取得一切伟大成就的重要奥秘。党员干部要始终牢记群众是真正的英雄，任何时候都不能忘记"为了谁、依靠谁、我是谁"。在人民面前，我们永远是小学生。只要充分相信群众、依靠群众，向人民求教、向人民问策，充分尊重人民所表达的意愿、所创造的经验、所拥有的权利、所发挥的作用，最大限度汇集民智民力，我们在前进道路上就没有战胜不了的困难。"知屋漏者在宇下，知政失者在草野。"路线政策好不好，发展方向偏不偏，群众最有发言权。定政策、作决策，只有广泛让群众知晓，让群众参与，让群众监督，广泛听取群众的意见和建议，才能找到工作的短板、决策的失误，才能及时思之改之补之，才能使各项决策部署更加顺应人民意愿、符合人民期待。

　　"视民知治不"，要求衡量成效由群众评判。时代是出卷人，我们是答卷人，人民是阅卷人。人民是我们党的工作的最高裁决者和最终评判者。习近平同志多次引用毛泽东同志在延安窑洞与黄炎培先生的著名谈话，强调要发展人民民主，让人民监督权力，跳出历史周期率。他指出："人民群众中蕴藏着治国理政、管党治党的智慧和力量，从严治党必须依靠人民……织密群众监督之网，开启全天候探照灯……各级党组织和党员、干部的表现都要交给群众评判。"他还进一步强调："领导干部是人民的公仆，必须始终牢记宗旨、牢记责任，自觉把权力行使的过程作为为人民服务的过程，自觉接受人民监督，做到为民用权、公正用权、依法用权、廉洁用权。"实践证明，失去制约和监督的权力必然导致腐败。只有将权力运行置于人民的监督下，让权力在阳光下运行，才能确保权力不变味、不变质。因此，各级领导干部要增强主动接受人民监督、乐于接受人民监督的思想自觉和行动自觉，在推进改革各项工作中自觉接受人民评判和检验，把人民满意不满意作为一切工作的衡量标准，把是否促进经济社会发展、是否给人民群众带来实实在在的获得感作为改革成效的评价标准，绝不能孤芳自赏、自娱自乐，用自我感觉代替群众评判。

11

当官避事平生耻，视死如归社稷心

2013 年 6 月，习近平同志在全国组织工作会议上指出："坚持原则、敢于担当是党的干部必须具备的基本素质。'为官避事平生耻。'担当大小，体现着干部的胸怀、勇气、格调，有多大担当才能干多大事业。"2015 年 1 月，他在中央党校县委书记研修班学员座谈会上再次引述这句古诗。

"当官避事平生耻，视死如归社稷心"，语出金末元初元好问的《四哀诗·李钦叔》，意思是说，为官者躲避责任、无所作为，是一辈子的耻辱；为了国家和民族，为官者应当视死如归、敢于牺牲。自古以来，为官无为者皆为世人所不齿。比如，唐朝的王及善，位居右相却庸碌无为，整天忙于驱赶下属官吏所骑的毛驴，人称"驱驴宰相"；北宋宰相王圭，尸位素餐，毫无建树，每次上殿面君只说"取圣旨"，听取皇帝指示后就说"领圣旨"，回到府邸后对部下说"已得圣旨"，人称"三旨相公"。这些自认为清廉、无所作为的"好官"，犹如木雕泥塑尸位素餐，看似忠厚，实则一切只为保全自己。当官要为民担当、为民负责，否则就如戏曲《七品芝麻官》所唱的，"当官不为民做主，不如回家卖红薯"。

中华民族历来具有敢于担当的优良传统，诸葛亮"鞠躬尽瘁，死而后已"，范仲淹"先天下之忧而忧，后天下之乐而乐"，文天祥"人生自古谁无死，留取丹心照汗青"，林则徐"苟利国家生死以，岂因祸福避趋之"，就是其中的代表。正如鲁迅先生所说，他们是"中国的脊梁"。我们党历来不缺乏有责任、有担当、有情怀的优秀党员干部。县委书记的榜样焦裕禄，当年面对兰考严重灾情和恶劣环境，顶着巨大的困难和压力，立下军令状，带领兰考人民夜以继日、辛勤耕耘，为改变当地贫穷落后的面貌奠定了基础；领导干部的楷模孔繁森两次进藏，历时十载，为了西藏的经济发展、民族团结和人民生活的改善，殚精竭虑、呕心沥血、忘我工作，直至献出宝贵的生命；核试验专家林俊德院士为了党的事业，一辈子隐姓埋名、默默坚守，生命垂危之际，仍戴着氧气罩为党的事业奋战……这些先进楷模，生动彰显了共产党人的使命担当，深刻诠释了共产党人的初心和本色。

当前，我国正处于发展关键期、改革攻坚期、矛盾凸显期，更需要党员干部发扬"苟利国家生死以，岂因祸福避趋之"的担当精神，秉持"功成不必在我、功成必定有我"的无私境界，敢于负责、勇于担当，真正做到"当官不避事"，为实现"两个一百年"奋斗目标、实现中华民族伟大复兴的中国梦作出应有的贡献。

"当官不避事"，要求领导干部带头攻坚克难作表率。各级党员领导干部要在其位、谋其政，时刻牢记自己的第一职责是为党工作，第一目标是为民谋利，既当指挥员又当战斗员，带头撸起袖子加油干，一级做给一级看，推动形成层层负责、人人担当的生动局面。要培养和保持顽强的斗争精神、坚韧的斗争意志，直面风险挑战，只争朝夕、知重负重、攻坚克难，以强烈的事业心、责任感积极主动地化解矛盾、解决难题，以坚忍不拔的意志和无私无畏的勇气战胜前进道路上的一切艰难险阻，坚决摒弃一切遇到困难绕道走、碰到矛盾踢皮球、面对歪风往后退的不担当不作为行为，切实把改革发展稳定各项工作做实做好，在战胜风险挑战中创造新的业绩。

"当官不避事"，要求党员干部锤炼干事成事真本领。敢于负责、勇于担当的背后有品格、有境界，也有能力和水平。能力本领不是与生俱来的，需要在严格的思想淬炼、政治历练、实践锻炼中形成，着力解决思想上"贫血"、精神上"缺钙"、行动上"乏力"等问题。要不断加强理论素养，深入学习贯彻习近平新时代中国特色社会主义思想，深刻理解和掌握贯穿其中的马克思主义群众观点、方法和人民立场，提高战略思维、历史思维、辩证思维、创新思维、法治思维、底线思维能力。要不断提高政治能力，善于从政治高度思考问题、把握形势、看待责任，紧密结合实际，统筹推进"五位一体"总体布局，协调推进"四个全面"战略布局，不折不扣落实党中央一系列决策部署，切实把维护党中央权威和集中统一领导体现到实实在在的行动中。要深入改革发展稳定一线，在解决纠纷矛盾中增长才干，在完成急难险重任务中经受考验，在复杂严峻的斗争实践中经风雨、见世面，锤炼敢担当、能担当、会担当的勇气和能力。

"当官不避事"，要求不断完善激励担当作为新机制。党员干部是否敢于担当、善于担当，与自身能力素质相关，也与组织的导向、单位的政治生态和激励机制相关。一方面，要建立完善为负责者负责、为担当者担当的干事创业机制。在选人用人上体现讲担当、重担当的鲜明导向，严格落实新时期好干部标准，形成"优者上、庸者让、劣者汰"的鲜明正确的用人导向。坚持"三个区分开来"的要求，建立防错容错纠错机制，让干部走出"多干多出事、不干不出事"的误区，真正使敢于负责担当成为党员干部的自觉追求。另一方面，要建立破解"为官不为"问题的机制。对少数不思进取、不愿作为、不能成事的干部，要让他们去坐"冷板凳"，着力形成"不比资历比业绩、不比年头比贡献"的良好风气，为打造一支具有铁一般信仰、铁一般信念、铁一般纪律、铁一般担当的干部队伍提供制度保障。

12

利民之事，丝发必兴；厉民之事，
毫末必去

2014 年 1 月，习近平同志在党的群众路线教育实践活动第一批总结暨第二批部署会议上引用了一句古语："利民之事，丝发必兴；厉民之事，毫末必去。"这句古语出自清代经学家万斯大《周官辨非·天官》，意思是说，凡是有利于百姓的事，再小也要去做；凡是危害百姓的事，再小也要去除。万斯大的老师、明清之际的思想家黄宗羲在其著作《原君》中主张："不以一己之利为利，而使天下受其利；不以一己之害为害，而使天下释其害。"清代中后期的钱泳在其著作《履园丛话·水利》中主张："天下事有利于民者，则当厚其本，深其源；有害于民者，则当拔其本，塞其源。"这些观点都深刻体现了古代民本思想中的"利民"观点，时至今日依然给人以启迪。

关心群众生活，体察群众疾苦，解决群众困难，是我们党的优良传统。早在 1934 年 1 月，毛泽东同志在《关心群众生活，注意工作方法》一文中就指出，党的工作应当是从解决群众的具体生产生活问题出发的，"就得关心群众的痛痒，就得真心实意地为群众谋利益，解决群众的生产和生活问题，盐的问题，米的问题，房子的问题，衣的问题，生小孩子的问题，解决群众的一切问题"。实际上，从"打土豪、分田地"到社会主义改造，从解决群众温饱问题到全面建成小康社会，党的宗旨始终没有变，党的群众路线薪火相传。我们党之所以能战胜各种艰难险阻，不断发展壮大，之所以能始终走在时代前列，始终成为全国人民的主心骨，始终成为伟大事业的坚强领导核心，最根本的就是始终植根于人民、服务于人民，始终与人民群众想在一起、干在一起。进入新时代，我们要始终坚守为中国人民谋幸福、为中华民族谋复兴的初心和使命，永远牢记群众利益无小事的深刻道理，始终做到心里装着群众、凡事想着群众、一切为了群众。

利民之事，再小也要兴。九层之台起于累土。习近平同志 2004 年在浙江工作时就讲过，群众的一桩桩"小事"，是构成国家、集体"大事"的"细胞"，小的"细胞"健康，大的"肌体"才会充满生机与活力。"天下大事必作于细。"所有的大事都是由小事累积起来的。有些党员干部动辄就想干轰轰烈烈的大事，不注重群众的生活小事，这样的想法和做法都是要不得的。殊不知，群众的信任和支持正是由这些点滴的为民服务小事汇聚起来的。用毛泽东同志的话说就是："一切这些群众生活上的问题，都应该把它提到自己的议事日程上。应该讨论，应该决定，应该实行，应该检查。要使广大群众认识我们是代表他们的利益的，是和他们呼吸相通的。"1974年，习近平同志带领梁家河村民修建了当时陕西省的第一口沼气池。后来梁家河又陆续修建了 42 个沼气池，解决了长期困扰老百姓照明做饭的问题。时至今日，梁家河仍有村民在使用沼气。作为党的干部、人民的公仆，就要像习近平志那样，始终坚持把最广大人民的利益放在首位，时刻把群众的安危冷暖挂在心上，聚焦群众关注、关心的热点难点问题，围绕群众衣食住行等基本生活需求，从柴米油盐酱醋茶、衣食住行教医保这些小事、具体事抓起，深入条件差、困难多、矛盾大的地方，雪中送炭、急人之困，抓住群众最盼、最急、最怨、最烦的具体问题使大劲、下真功，着力解决好群众的操心事、烦心事、揪心事，真正把党的宗旨落实到各项工作中，落实到解决广大群众切身困难上，以为民谋利、为民尽责的实际成效取信于民。

厉民之事，再小也必去。"千里之堤，毁于蚁穴。"习近平同志指出："凡是不利于党和人民事业的，就坚决改、彻底改、一刻不耽误地改。"一些党员领导干部好高骛远、虚夸漂浮，热衷于造声势、栽"盆景"、搭"花架子"，搞劳民伤财、华而不实的"形象工程""面子工程""政绩工程"，对事关群众生存发展的民生事务则漠不关心或轻描淡写，特别是一些基层地区、部门和单位还存在吃拿卡要、雁过拔毛、违规摊派等问题，有的干部甚至向惠民、扶贫资金伸出黑手，虚报冒领、截留私分、挤占挪用、优亲厚友等侵占群众利益现象屡见不鲜。这些"微腐败"损害的是老百姓的切身利益，啃噬的是群众的获得感，挥霍的是基层群众对党的信任，与党的性质和宗旨背道而驰。如果不彻底解决，这些"微腐败"不仅会损害党的形象、破坏党群干群关系，更会侵蚀党的肌体、危害党的执政根基，最终酿成"大祸害"。"去民之患，如除腹心之疾。"党员干部特别是领导干部要牢固树立正确的政绩观，自觉抵制浮躁浮夸、急功近利的不良思想和行为，以"功成不必在我"的精神境界和"功成必定有我"的历史担当，多做打基础、利长远的事，使一切工作都经得起实践、人民和历史的检验。要推动全面从严治党向基层延伸，紧盯"小官大贪""蝇贪蚁腐"等突出问题下猛药、去沉疴，对四风之患、作风之弊、行为之垢常排查、常检修、常扫除，坚决根除那些发生在群众身边的以权谋私、与民争利、侵蚀群众利益的"厉民之事"。要扎紧制度的笼子，强化日常监督，深化标本兼治，构建一体推进不敢腐、不能腐、不想腐的体制机制，真正使权力在阳光下运行，彻底铲除滋生腐败的温床，净化基层政治生态和社会风气，让广大人民群众不断看到新变化、新气象。

（13）

凡治国之道，必先富民

　　2015 年 11 月，习近平主席在菲律宾马尼拉出席亚太经合组织工商领导人峰会，并发表题为《发挥亚太引领作用　应对世界经济挑战》的主旨演讲。他指出："中国古代哲人说：'凡治国之道，必先富民。'发展的最终目的是造福人民，必须让发展成果更多惠及全体人民。"他引用的这句古语出自《管子·治国》，意思是说，治理国家的原则，首先是要使人民富裕。

　　国泰而民安，民富而国强。富民是强国的基础，强国是富民的保障。一个国家就犹如一棵大树，民众好比树根，国家脱离了民众，就会变成无本之木。只有让树根汲取到养分，使根系生长发达、深扎大地，大树才能枝繁叶茂，充满生机活力。在中国几千年优秀传统文化传承中，国家是一个完整词汇，有国才有家，家是最小国，国是千万家。儒家思想认为，民富是第一位的，民富自然国富。"仓廪实而知礼节，衣食足而知荣辱"，强调老百姓吃饱穿暖、生活富裕了，就会知荣辱、守礼节，国家就容易治理。从历代王朝来看，"凡治国之道，必先富民"也是被历史反复证明了的真理。西汉前期，"民则人给家足，都鄙廪庾皆满""众庶街巷有马，阡陌之间成群"，开创了"文景之治"；唐太宗年间，"东至于海，南极五岭，皆外户不闭，行旅不赍粮，取给于道路"，成就了"贞观之治"；明成祖时期，"宇内富庶……府县仓廪蓄积甚丰，至红腐不可食"，开创了明王朝少有的治世。但是在私有制社会，社会财富的创造者并不是社会财富的享有者。无论是封建社会生产资料为地主阶级所占有，还是资本主义社会实行生产资料私有制，社会财富都掌握在少数人手中，不可能实现真正的富民。直到马克思主义的诞生，才为实现真正的富民奠定了坚实的理论基础和实践基础。我们党作为马克思主义政党，无论是干革命、搞建设，还是抓改革、促发展，都是为人民谋利益，追求的发展是造福人民的发展，追求的富裕是全体人民的共同富裕。

中国老百姓对富裕、殷实的理想生活的追求由来已久。早在 2500 多年前，《诗经·大雅·民劳》就有记载："民亦劳止，汔可小康。"意思是说，老百姓之所以劳作不止，就是为了过上小康生活。可以说，"小康"承载着几千年来中国人民的梦想。近代以来，中国陷入内忧外患、积贫积弱的悲惨境地，人民饱受天灾人祸、流离失所之苦，距离小康之梦更加遥远。直到中国共产党的成立，才彻底改变了国家和民族的命运，开启了中华民族伟大复兴的征程。经过新中国 70 多年特别是改革开放 40 多年的发展，中国的社会主义现代化建设取得了举世瞩目的伟大成就，国家面貌发生了新的历史性变化，人民生活水平实现了历史性跨越。党的十八届五中全会明确提出，要坚持"创新、协调、绿色、开放、共享"新发展理念，坚持以人民为中心的发展思想，这体现了人民共建共享的价值追求，彰显了人民至上的价值取向，反映了时代发展的新要求、人民群众的新期盼，实现了党的执政理念与发展规律新认识的高度统一。当前，我们比历史上任何时期都更接近中华民族伟大复兴的目标，更加需要牢固树立以人民为中心的发展思想，使人民真正成为发展的创造者、利益相关者和最终受益者。

实现"富民"，首先要把"蛋糕"做大。在庆祝改革开放 40 周年大会上，习近平同志强调："必须坚持以发展为第一要务，不断增强我国综合国力。"改革开放 40 多年来，我们始终坚持以经济建设为中心，聚精会神搞建设，一心一意谋发展，GDP 年均增速达到 9.5%，创造了人类历史上人口大国经济发展的奇迹；我国国内生产总值占世界生产总值的比重由改革开放之初的 1.8% 上升到 15.2%；我国贫困人口累计减少 7.4 亿人，贫困发生率下降 94.4 个百分点。这些实实在在的发展成果充分说明：解放和发展社会生产力，增强社会主义国家的综合国力，是社会主义的本质要求和根本任务。可以说，我们用几十年的时间走完了发达国家几百年走过的历程，最终靠的是发展。今天，我们要决战决胜全面小康，坚决打赢脱贫攻坚战，彻底消灭绝对贫困，实现全体人民共同富裕的宏伟目标，最终靠的仍然是发展。没有发展，没有更高质量、更有效率、更加公平、更可持续的发展，共同富裕只能是"水中月""镜中花"。在新时代，必须始终坚持以经济建设为中心，牢记发展为第一要务，既毫不动摇坚持发展是硬道理，又毫不动摇贯彻发展应该是高质量发展的战略思想，加大供给侧结构性改革力度，加快转变经济发展方式，大力发展社会生产力，创造出更多的社会财富，不断把"蛋糕"做大做好。

实现"富民"，还要把"蛋糕"分好。从某种意义上说，只有把"蛋糕"分好，"蛋糕"才有可能做得更优。中国自古以来就有"不患寡而患不均"的观念，平等与公平的思想对人们的影响颇深，而收入分配问题则是平等与公平实现与否的关键所在。新中国的成立和社会主义制度的确立，为实现分配公平奠定了根本制度前提。在社会主义社会，发展生产力的目的不是实现资本利润最大化，而是满足人民群众日益增长的美好生活需要、实现人的全面发展和社会共同富裕。当前，我国还存在有违社会公平正义的现象，如收入分配不公、阶层固化、公共资源配置不合理等。随着经济的不断发展，我们必须深入落实新发展理念，既尽力而为、又量力而行，加快建立以权利公平、机会公平、规则公平为主要内容的社会分配体系和保障体系，营造公平正义的社会环境，下大气力解决收入差距过大、公共服务供给不足、教育就业机会不均等等突出问题，使全社会在幼有所育、学有所教、劳有所得、病有所医、老有所养、住有所居、弱有所扶上持续取得新进展、新成果，让社会主义制度的优越性更加充分地体现出来，让共同富裕在广大人民生活中更加充分地展示出来。

14

欲以身殉社稷，躬亲庶务，
不舍昼夜

　　1989 年 1 月，习近平同志在《干部的基本功——密切联系人民群众》一文中写道："中国历史上有不少官吏是既廉又勤的。'鞠躬尽瘁，死而后已'的诸葛亮，要求自己做到'不使内有余帛，外有赢财'。司马光'欲以身殉社稷，躬亲庶务，不舍昼夜'，'于物淡然无所好'，'恶衣菲食以终其身'。封建官吏尚能如此，我们无产阶级的干部何言不能！""欲以身殉社稷，躬亲庶务，不舍昼夜"这句话出自《宋史·司马光传》，意思是说，决心不惜牺牲自己的身体为国尽忠，亲自处理国家事务，不分昼夜。习近平同志引用司马光的事例，目的是要求党员干部做到既廉又勤，发扬我们党的优良作风，永远植根于群众之中，真正取得人民群众的信赖和拥护。

　　南宋吕本中在其所著《官箴》中开宗明义："当官之法，唯有三事：曰清、曰慎、曰勤。"意思是说，为官从政者务须清廉、慎权、勤政。廉政勤政可谓我国历代官箴家训的重要内容。周公辅佐武王、成王，兢兢业业，"一沐三握发，一饭三吐哺"，终至天下大治。唐代刘晏主管全国财政时，"质明视事，至夜分出，虽休浣不废。事无闲剧，即日剖决无留。所居修行里，粗朴庳陋，饮食俭狭，室无媵婢"，死时只留下两车书籍和几斗米麦。

北宋司马光入仕 40 余年，刻苦勤奋，清正廉洁，"食不敢常有肉，衣不敢有纯帛"，弥留之际关心的还是国家的大事。这些都是古代官吏勤政廉政的代表，对我们今天的党员干部具有重要的示范作用。

毛泽东等老一辈无产阶级革命家，都堪称廉政勤政的楷模。毛泽东同志一生严于律己，始终保持廉洁奉公、勤政为民的公仆本色，逝世前只剩下 500 多块钱，没有给子女留下一块钱、一间房子。周恩来同志一天的工作时间超过 12 小时，有时在 16 小时以上，"三更将眠五更起"是他的日常写照。即便是在生命最后几个月的时间里，他仍不忘工作、心系人民，在弥留之际特意交代："把我的骨灰撒到江河大地去做肥料，这也是为人民服务。活着为人民服务，死后也要为人民服务。"新中国成立初期，刘少奇的七姐刘少怡听说他在京城作了"大官"，就给他写了一封信，希望能随他到城里去生活。刘少奇在回信中讲道："你们不要来我这里，因我不能养活你们。我当了中央人民政府的副主席，你们在乡下种田吃饭，那就是我的光荣。如果我当了副主席，你们还在乡下收租吃饭，或者不劳而获，那才是我的耻辱。"老一辈革命家的高风亮节令人钦佩，也为我们树立了光辉典范。

清廉是为政之基，勤政为善政之要，二者有如车之双轮，鸟之双翼，并驾齐驱，缺一不可。勤政爱民、廉政亲民，官德才能圆满，善治才能成真，这样的干部才是好干部。习近平同志曾填词《念奴娇》一首感佩焦裕禄执政为民的情怀，也曾亲自撰文称赞谷文昌"在老百姓心中树起了一座不朽的丰碑"。在党的群众路线教育实践活动总结大会上，习近平同志强调："党的干部都是人民公仆，自当在其位谋其政，既廉又勤，既干净又干事。"可见，勤政廉洁的优秀品质，是习近平同志十分看重的政治素养。新形势下，我们要站在牢记初心使命的高度，自觉践行新时代好干部标准，将勤政廉洁的理念内化于心、外化于行，做思想上的清醒人、经济上的干净人、工作上的实干家，坚决不做政治麻木、办事糊涂的昏官，不做饱食终日、无所用心的懒官，不做推诿扯皮、不思进取的庸官，不做以权谋私、蜕化变质的贪官。

"欲以身殉社稷"，做到清廉勤政，必须经得起诱惑，做思想上的清醒人。思想是行动的先导，只有思想上清醒才会有行动上自觉。党员干部特别是领导干部要带头深入学习习近平新时代中国特色社会主义思想，坚持把理想信念、党风党纪、社会主义核心价值观等作为终身必修课，不断加强党性修养，锤炼意志品质，坚定政治立场，牢记为民宗旨，努力提升自己的思想道德境界和自我约束能力，保持对党的忠诚心、对人民的感恩心、对事业的进取心、对法纪的敬畏心，在考验面前始终清醒，在诱惑面前严于律己，在困难面前勇往直前。

"欲以身殉社稷"，做到清廉勤政，必须管得住小节，做经济上的干净人。清正廉洁是共产党人安身立命之本，是不能丢弃的政治底色。"公生明，廉生威。"只有个人干净，说话做事才能硬气。这就要求各级党员干部特别是领导干部以身作则、率先垂范，自觉把个人干净作为从政底线、道德底线，带头执行廉洁自律的各项规定，守得住寂寞、耐得住清贫，对名利想得开、看得淡、放得下，不以私情废公事、不拿原则做交易，管好自己的心不贪不占，管牢自己的手不拿不要，管住自己的腿不跑不送，把主动接受监督当作一种关心爱护、变成一种自觉行动，始终自重自省自警自励，慎独慎初慎微慎欲，做到心底无私天地宽。

"欲以身殉社稷"，做到清廉勤政，必须戒掉浮躁，做工作上的实干家。"为政贵在行。"勤政，就是要恪尽职守、勤于政事，撸起袖子加油干。勤政为民是在新形势下开展一切活动的基本遵循，是为民服务的前提条件。从赵括的"纸上谈兵"，到两晋学士的"虚谈废务"，空谈误国的例子比比皆是。当前，有的党员干部光说不练，将实干变成空洞的口号，天天喊在嘴上、写在纸上，就是不落实在行动上；有的借口反腐高压，不担当、不作为，推诿扯皮、明哲保身。这些不讲实干只做虚功的做派，归根结底是因为宗旨意识淡漠，其结果是损害党群干群关系。正如习近平同志所强调的，伟大梦想不是等得来、喊得来的，而是拼出来、干出来的。走好新时代的长征路，绝不容许玩虚的、整假的，必须力戒形式主义、官僚主义，以"不驰于空想、不骛于虚声"的态度，"实"字当头，"干"字为先，以真心换得民心，把工作做在实处，才能经得起人民与历史的检验。

15

穿百姓之衣，吃百姓之饭，莫以百姓可欺，
自己也是百姓

　　2013 年 11 月，习近平同志在山东菏泽召开座谈会时念了一副对联："得一官不荣，失一官不辱，勿道一官无用，地方全靠一官；穿百姓之衣，吃百姓之饭，莫以百姓可欺，自己也是百姓"，并语重心长地对在场的县委书记们说："此联以浅显的语言揭示了官民关系。封建时代的官吏尚且有这样的认识，今天我们共产党人应该比这个境界高得多。"

　　这副楹联乃是清康熙年间河南内乡一位名叫高以永的知县所撰。高以永曾任河南内乡县知县、户部员外郎，他为政以宽厚平和为本，治务以蓄养民力为主，政声卓著，深得百姓好评。在任内乡知县时，他"广开垦，除匪盗，其有造于内乡者甚大"。离任之时，百姓争相挽留，为其立"德政""去思"二碑。

　　今天，我们也有这样的党员干部。有的离开岗位多年，有的早已去世，但老百姓依然对他们念念不忘。在云南，原保山地委书记杨善洲被百姓亲切地称为"草鞋书记"；在福建东山，每到春节和清明，人们都会自发去老书记谷文昌墓前祭拜，"先祭谷公，后祭祖宗"成为当地习俗；在河南，兰考人民永远深切缅怀老书记焦裕禄。这些干部身上有一个很鲜明的特征，

那就是给老百姓办了好事，谋了福祉，是为官、为人之德的楷模和典范。然而，与他们形成鲜明对比的是，有些干部同样为官一任，但很快成为过往云烟，有的甚至为老百姓所唾弃。比如，苏荣落马后，江西南昌市鞭炮声通宵达旦，群众奔走相告、热烈欢呼；"巨贪村官"安徽淮北烈山镇烈山社区原党委书记刘大伟被逮捕后，老百姓纷纷自发放鞭炮、拉横幅庆祝。"做官先做人，从政德为先。"德，是立身之本，也是从政之本。政德是整个社会道德建设的风向标。领导干部要讲政德、立政德，就要明大德、守公德、严私德，三者缺一不可。

牢记"自己也是百姓"，就要明大德。对于共产党人来说，明大德就是要筑牢理想信念、锤炼坚强党性，在大是大非面前旗帜鲜明，在风浪考验面前无所畏惧，在各种诱惑面前立场坚定。正如习近平同志所说："一名干部有了坚定的理想信念，站位就高了，心胸就开阔了，就能坚持正确政治方向，做到'风雨不动安如山'。"这句话深刻地说明了忠于理想信念的极端重要性。纵观那些落马的腐败分子，究其根本原因，就在于这些人在"大德"上失守，丧失了理想信念，使精神之钙流失。党员干部特别是领导干部要增强"四个意识"，坚定"四个自信"，做到"两个维护"，深入学习贯彻习近平新时代中国特色社会主义思想，筑牢信仰之基，补足精神之钙，把稳思想之舵，成为坚定理想的"主心骨"、牢固信念的"压舱石"，真正做到虔诚而执着、至信而深厚，学思用贯通、知信行统一。

牢记"自己也是百姓"，就要守公德。"大道之行也，天下为公。"习近平同志指出："守公德，就是要强化宗旨意识，全心全意为人民服务，恪守立党为公、执政为民理念。"来自人民、植根人民、服务人民，是我们党始终立于不败之地的根本原因，也是我们党跳出"其兴也勃焉，其亡也忽焉"历史周期律的关键所在。领导干部要永远铭记人民是我们的衣食父母，永远铭记自身也只是人民群众的普通一员，是人民的勤务员，而不是有特权的特殊分子。要真正把人民群众作为"生命之本"和"力量之源",进一步强化宗旨意识,切实解决好"为了谁、依靠谁、我是谁"问题,把握人民群众需求,尊重人民群众意见,拓宽人民群众参与渠道,自觉践行"人民对美好生活的向往就是我们的奋斗目标"的庄严承诺,做到心底无私天地宽。

牢记"自己也是百姓",就要严私德。对党员干部来说,私德不是小事,它关乎个人形象和事业成败;私德不是私事,它影响他人行为和社会风气。习近平同志多次强调领导干部做人做官要老老实实、堂堂正正、坦坦荡荡、清清白白。今天,我们虽然不用面对枪林弹雨、抛头颅洒热血,但纷繁复杂的现实诱惑同样是对意志品质的严峻考验。作为党员干部特别是领导干部,一定要戒贪止欲,克己奉公,廉洁自律,修好私德。要培养和强化自我约束、自我控制的意识和能力,正确对待个人名誉、地位、利益,做到"心不动于微利之诱,目不眩于五色之惑";增强拒腐防变的免疫力,耐得住清贫寂寞,顶得住歪风邪气,经得起金钱美色诱惑,时刻提醒自己既然手中掌握着公权力,就要习惯在阳光下做事,习惯被人民群众监督;牢记"堤溃蚁穴,气泄针芒"的古训,懂得小事不慎、小节不拘,久而久之就有积小恶为大患的风险,始终坚持慎独慎微、防微杜渐,管好自己的生活圈、朋友圈、娱乐圈,始终不放纵、不越轨、不逾矩,永葆共产党人政治本色。

16

先天下之忧而忧，后天下之乐而乐

2016 年 4 月 26 日，习近平同志在知识分子、劳动模范、青年代表座谈会上指出："'修身齐家治国平天下'，'为天地立心、为生民立命、为往圣继绝学、为万世开太平'，'先天下之忧而忧，后天下之乐而乐'，这些思想为一代又一代知识分子所尊崇。"习近平同志在谈及为官之道时多次引用这些经典名句。他说，古往今来，许多有作为的"官"都以关心百姓疾苦为己任，为官者要有"先天下之忧而忧，后天下之乐而乐"的政治抱负，心无百姓莫为"官"。

"先天下之忧而忧，后天下之乐而乐"是宋代名臣范仲淹《岳阳楼记》中千古传诵的佳句。在中华传统文化中，所谓天下，指的是天下苍生、老百姓。天下之忧，是百姓之忧、国家之忧、民族之忧；天下之乐，是百姓幸福、国家昌盛、民族振兴。忧国忧民，以天下为己任，历来是我国仁人志士的政治抱负和道德情操，也是中华传统文化以民为本思想的重要体现。屈原的"长太息以掩涕兮，哀民生之多艰"，杜甫的"安得广厦千万间，大庇天下寒士俱欢颜"，郑板桥的"衙斋卧听萧萧竹，疑是民间疾苦声"等诗句，均反映了古代先贤们关心百姓疾苦的高尚品德，体现了爱民、忧民、恤民、安民、乐民的以民为本思想。

　　中国共产党人既是时代的开创者，也是历史的继承者，在长期的革命、建设和改革开放实践中，进一步传承和升华了先忧后乐精神，并不断赋予其新的时代内涵和价值。吃苦在前、享乐在后，就是我们党对先忧后乐精神的继承和创新发展。在党章明确要求党员个人利益服从党和人民的利益，吃苦在前，享受在后，克己奉公，多做贡献。在革命战争年代，彭德怀同志曾坦言："我彭德怀参加共产党，党给我唯一的'特权'，就是带头吃苦。"萧克同志在回忆录中说道："战争年代，谁是不是共产党员，一眼就能看得出来。那些作战勇敢，一不怕苦，二不怕死的，准是党员。"如果飞夺泸定桥的 22 名勇士只是为了填饱肚子而参加红军，那他们就不会冒着生命危险，去夺取胜利。为什么红军官兵能在两万五千里长征中，克服难以想象的困难，谱写出"天作房，地作床，野菜充饥，篝火御寒"的壮丽诗篇？为什么东北抗日联军的将士，在完全断粮的情况下，能以树皮、草根和棉絮充饥，在大山里仍坚持打击日本侵略者？……其重要原因就在于"官兵一致同甘苦，革命理想高于天"，就在于共产党人勇于牺牲、甘于奉献，解中华民族之忧、谋百姓幸福之乐，从而获得了最广泛、最可靠、最牢固的群众基础和力量源泉。

　　1991 年 11 月，时任中共福州市委书记的习近平同志在《关于任职以来工作情况的汇报》中写道："一年半来，我在工作中始终处于超负荷状态，没有节假日、没有星期天，为做好工作，不敢有丝毫懈怠。"他的时间都去哪儿了？交给群众了，为群众办实事去了。从中，我们看到了他夙夜在公的忘我工作状态，看到了他身上所体现的共产党人对于国家、民族和人民的那种强烈的历史使命感和责任感。党的十八大以来，以习近平同志为核心的党中央以刀刃向内的自我革命精神向党内顽瘴痼疾开刀，以抓铁有痕、踏石留印的劲头打"虎"拍"蝇"，以雷霆万钧之势推进全面从严治党，其力度之强劲、成效之显著、影响之广泛令世人瞩目，开启了全面从严治党的新时代。但也要清醒地看到，在长期执政条件下，各种弱化党的先进性、损害党的纯洁性的因素无时不有，各种违背初心和使命、动摇党的根基的危险无处不在。在新时代长征路上，我们千万不能丢掉吃苦在前、享受在后的优良传统，必须大力弘扬先忧后乐精神，心里时刻想着群众，与民同忧、与民同思、与民同行、与民同乐，以群众高兴不高兴、满意不满意为准绳，切实把工作做深做细做实，做到人民群众心坎上。

共产党人坚持先忧后乐，要有居安思危的忧患意识。忧患意识是中华民族一个重要的精神特质，也是我们党战略思维的一个特质。翻开历史，明末李自成率领农民起义军推翻明朝，却被胜利冲昏头脑，最终兵败湖北九宫山；晚清洪秀全领导的太平天国运动势如破竹，给清朝统治者以重创，却在攻入南京后不思进取、贪图安逸，最终落得分崩离析、倾覆灭亡的结局。我们党在内忧外患中诞生，在磨难挫折中成长，在战胜风险挑战中壮大。正是一代代中国共产党人心存忧患、肩扛重担，才团结带领人民不断从胜利走向新的胜利。进入新时代，习近平同志反复强调，前进道路上不可能一帆风顺，越是前景光明，越是要增强忧患意识。我们要善于运用底线思维的方法，居安思危、未雨绸缪，时刻保持"不畏浮云遮望眼"的清醒头脑，凡事从最坏处着眼，向最好处努力，全面认识和有力应对一系列重大风险挑战，决不让任何风险迟滞或中断中华民族伟大复兴进程。

共产党人坚持先忧后乐，要有以天下为己任的责任担当。共产党员不是镀金的招牌，也不是晋升的阶梯。每个共产党员自从加入党组织的那一刻起，就担负起了为中国人民谋幸福、为中华民族谋复兴的神圣使命和重大责任。广大党员干部是我国改革发展稳定大业的领导者、组织者和推动者，必须有以天下为己任的精神，以对党对人民高度负责的态度，拿出"勇做新时代弄潮儿"的志气，肩负起时不我待、守土有责、敢闯敢干的责任担当，坚持事不避难、忠诚履责，坚持冲锋在前、忘我奉献，在关键时刻站得出来、危急时刻豁得出去，多干为后人铺路、打基础利长远的事，不断把生机勃勃的中国特色社会主义事业推向前进。

共产党人坚持先忧后乐，要有以人民为中心的真挚情怀。先忧后乐之忧，从来都不是忧个人的安与危、得与失、穷与达，而是忧天下、忧国家、忧百姓。对于共产党人来说，密切联系群众、保持党同人民群众的血肉联系，是我们党的优良传统和最大政治优势。广大党员干部必须始终牢记人民群众是我们党的执政基础和力量源泉，深怀爱民之心，恪守为民之责，善谋富民之策，多办利民之事，眼睛盯紧群众需求，耳朵广听人民呼声，腿脚勤向基层跑动，珍惜人民群众提供的舞台，顾念人民群众的疾苦，把人民群众的忧、难、苦当作自己的忧、难、苦，把暖民心、舒民困、解民忧作为工作的着力点，以自己的辛苦指数换取群众的快乐指数，切实增强人民群众的获得感、幸福感、安全感。

后　记

为人民服务，为最广大人民谋利益谋幸福，是坚持马克思主义唯物史观的根本要求，是马克思主义政党区别于其他政党的显著标志。中国共产党作为马克思主义政党，作为中国工人阶级的先锋队、中国人民和中华民族的先锋队，始终坚定为民的政治立场，始终坚持为人民服务的根本宗旨，始终坚守为中国人民谋幸福、为中华民族谋复兴的初心和使命，团结带领全国各族人民并依靠广大人民群众的磅礴伟力，夺取了政权、成立了新中国，实行改革开放、走进了新时代，推动中华民族迎来了从站起来、富起来到强起来的历史性飞跃。这是马克思主义的伟大胜利，是中国共产党的伟大胜利，也是中华民族、中国人民的伟大胜利。

我出身农村且在乡镇、街道工作过，对基层一线、基层群众的情况有一些了解，对"江山就是人民，人民就是江山"最是认可，对"群众最可敬、最可爱、最可怜、最可畏"最为赞同。在内心深处，我始终对人民群众充满敬重、敬畏、敬爱；在灵魂深处，我始终对黎民百姓充满感激、感恩、感情。我在中央机关工作了 11 年，对中央领导同志深刻的为民思想、真挚的为民情怀，特别是对习近平同志"坚持一切为了人民、一切依靠人民，坚持以人民为中心、把人民群众放在心中最高位置，坚持以民心为心、以民乐为乐、以民忧为忧、以民苦为苦"的为民爱民亲民思想和情怀，有一些切身感受、感慨和感悟。因而，我一直有想围绕"为民"二字写点感想的冲动，一直有想围绕"人民领袖爱人民、人民领袖人民爱"写点体会的愿望。这也是撰写本书的初衷和由来。

2020 年新冠肺炎疫情发生后，面对新中国成立以来传播速度最快、感染范围最广、防控难度最大的一次重大突发公共卫生事件，在以习近平同志为核心的党中央坚强领导下，我国坚持把人民群众的生命安全和身体健康放在第一位，举国动员，打响疫情防控的人民战争、总体战、阻击战，充分彰显了以人民为中心的发展思想，真正践行了人民至上、服务人民的宗旨理念。这让我充满了感动，也增添了我撰写本书的动力。

本书在编写过程中，得到了诸多领导、专家学者、同事朋友的大力支持，在此表示衷心感谢。此外，在编写本书时，我还参考了有关论著、教材、报刊、回忆录、理论文章等，吸收或采用了其中的某些提法乃至案例，恕不一一列举。在此，对所有相关机构、单位和个人一并表示敬意和谢意。由于时间较紧、水平有限，书中难免有瑕疵和纰漏，恳请广大读者批评指正！

李辉卫

2020 年 8 月 1 日于海口